LA GUADELOUPE

5e SÉRIE GRAND IN-8o.

LA GUADELOUPE. — LA BASSE-TERRE. (P. 6.)

LA GUADELOUPE

ET SES DÉPENDANCES

PAR

Edgar LA SELVE

Fondateur des Vóyages d'Études aux Pays lointains,
Lauréat de la Société d'Instruction et d'Éducation populaires,
Oficier d'Académie.

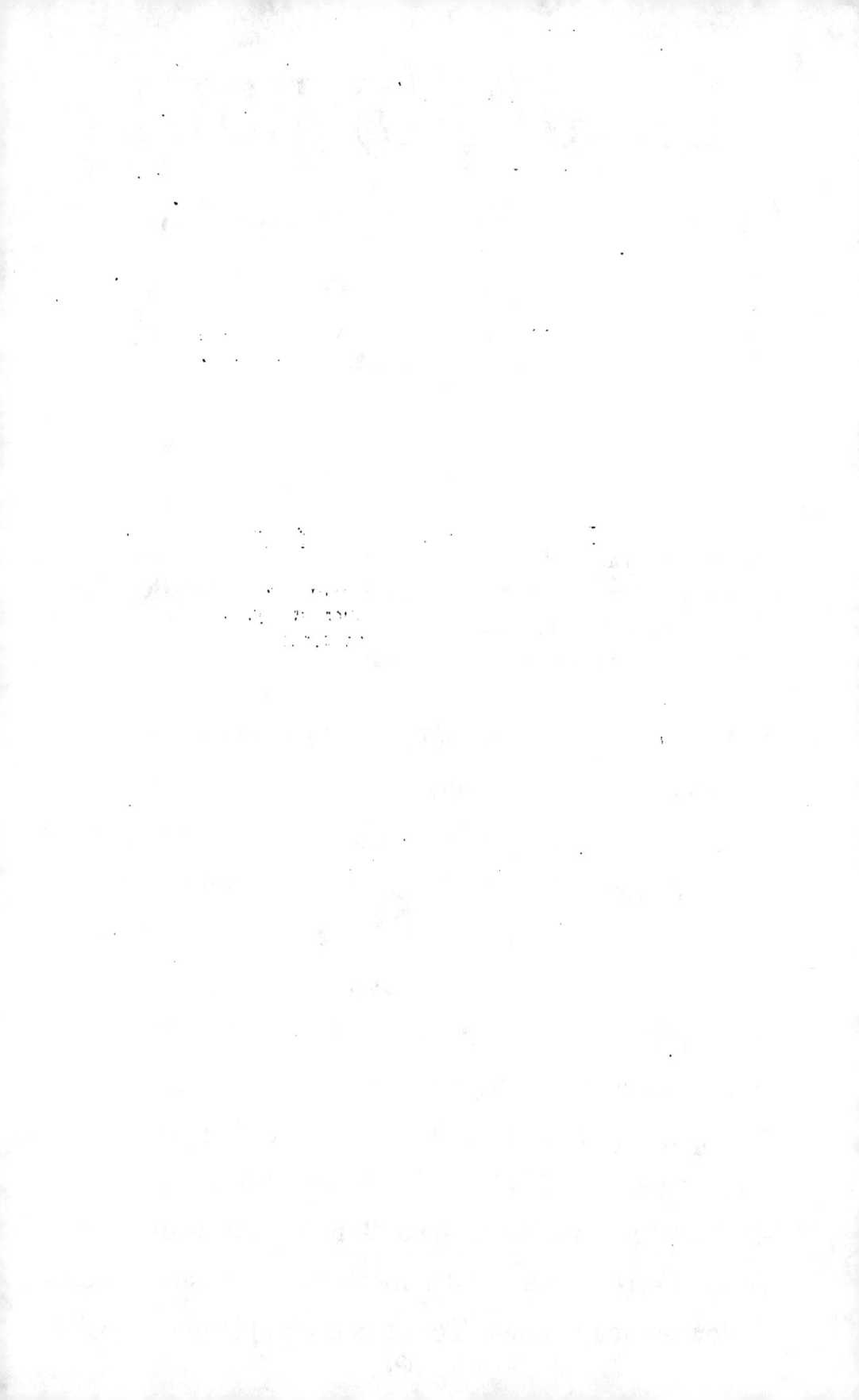

LA GUADELOUPE

ET

SES DÉPENDANCES

I

A bord de l'*Arno*. — *Karukéra*. — Guadeloupe. — Géographie générale. — Population et administration. — Erambert. — L'*hôtel Célanire*. — Aï-lon-don. — Communaux. — Origine de la Basse-Terre. — De Clien. — L'amiral Moore. — Le comte de Nolivos.

L'*Arno*, vapeur intercolonial du *Royal Mail*, suivait les côtes dont les lignes se détachaient à peine du fond sombre de l'horizon, entre la mer noire et le ciel nuageux. Un vent violent du nord irritait les vagues, tourmentait la tente tendue sur l'arrière, où j'étais assis dans un fauteuil de sangles, et semblait vouloir nous repousser de la terre. La machine s'essoufflait en de grands efforts, mais hélas! le vapeur n'avançait guère. Enfin un feu se montra, rubescent, par 15° 59' 8" de latitude nord et 64° 4' 44" de longitude ouest. L'*Arno* était à neuf milles de la Basse-Terre. Une heure mortelle se passa à gambader sur les vagues. Tout à coup, j'aperçus un éclair

rapide, un bruit sourd arriva jusqu'à moi. La vigie
avait signalé l'*Arno*. Cette clarté était celle du coup de
canon qui annonçait son arrivée.

Vingt minutes après le vapeur saluait à son tour la
Basse-Terre de la double détonation de ses petits
mortiers de cuivre, et laissait tomber son ancre à l'entrée de la rade foraine, mais offrant un bon mouillage.

Nous étions à la Guadeloupe, située entre 16° 14'
12" et 15° 59', 30" de latitude nord; — 64° 4' 22" et 65°
51' 30" de longitude ouest.

Guadeloupe!... Ce nom venant de l'espagnol, ne le
trouvez-vous pas doux? Comme il sonne plus agréablement à l'oreille que *Karukéra*, dénomination par
laquelle les aborigènes désignaient leur île. Colomb,
qui fit quatre voyages aux Indes occidentales, la
découvrit au cours du deuxième, le 4 novembre 1493.
Pourquoi lui donna-t-il ce nom harmonieux? Certains
géographes disent que c'est à cause de la ressem-
blance de ses montagnes avec la *sierra de Guadalupe*,
en Estrémadure; les autres en l'honneur de Notre-
Dame de Guadalupe, vénérée dans cette province.

Les Espagnols ne s'étaient point établis à la Guadeloupe, parce qu'ils n'y trouvaient pas de mines d'or.
L'Olive et Duplessis, lieutenants de d'Enambuc, alors
gouverneur de Saint-Christophe pour le compte de la
Compagnie des îles d'Amérique, vinrent en prendre

LA POINTE À PITRE

GRANDE TERRE

GUADELOUPÉ

MARIE GALANTE

LA POINTE À PITRE

LES SAINTES

LA BASSE TERRE

Comptoir frappé

le Moule

S. François

S. Anne

le Gozier

LA POINTE À PITRE

Salée

Baie Mahault

Lamentin

le Phoux

la Goyave

la Capesterre

la Soufrière

Rivière

le Pt Louis

le Pt Canal

le Bourg

Terre de en Bout

3

possession au nom de la France en 1635. Considérée comme formant une île unique de 35 kilomètres sur 37, ayant un contour de 444 kilomètres et une superficie double de celle du département de la Seine, c'est-à-dire 130,000 hectares environ, elle se compose, en réalité, de deux terres adjacentes, presque égales d'étendue, mais parfaitement distinctes, car elles sont séparées par la *Rivière Salée*, d'une largeur moyenne de 40 à 50 mètres. La terre de l'ouest, la Guadeloupe proprement dite, appelée aussi Basse-Terre, de nature volcanique, est hérissée de hautes montagnes, arrosée de rivières nombreuses, mais cultivée seulement sur les côtes. La terre de l'est, dénommée *Grande-Terre*, pour la distinguer des Petites-Terres, îlots vis-à-vis de la pointe sud-est, est d'origine calcaire, basse, plate, sans bois, sans cours d'eau.

En y comprenant toutes les dépendances, la Guadeloupe a 162,000 habitants; 182,865 avec les 20,000 immigrants africains, indiens, chinois, annamites, la garnison et les fonctionnaires. Elle se divise en trois arrondissements, onze cantons, trente-quatre communes. Son administration est confiée à un gouverneur, assisté d'un conseil général.

. . . .

A l'arrivée de l'*Arno*, des embarcations semblables au *cauva* des Karaïbes. les unes portant des passagers et leurs bagages, d'autres vides, vinrent se presser autour de l'échelle du paquebot.

Un vieux *bombotier* au teint bronzé, aux cheveux noirs et lisses, aux dents d'ivoire, dont le vêtement et les allures faisaient songer aux marins de Saint-Malo ou du Pollet, s'avança vers moi.

— Monsieur, je me nomme Erambert, bien connu à la Basse-Terre et ailleurs. Mon père était un blanc. Je suis à vos ordres...

— Allez, mon compère, répondis-je. Voici ce qui m'appartient.

Il s'empara de mes malles et les descendit, avec la dextérité d'un Indien, dans son frêle canot, où je pris place à mon tour. Erambert s'assit au gouvernail et son matelot plongea les avirons dans l'eau. Au bout de dix minutes, nous étions échoués sur la grève.

Débarquer à la Basse-Terre n'est pas chose commode.

Les deux bateliers durent descendre dans l'eau pour pousser en avant l'embarcation, dont la quille labourait les galets avec des grincements. Grâce à cette manœuvre, je pus sans me mouiller sauter à terre, au milieu de groupes bruyants et moqueurs de mulâtresses venues là pour assister au débarquement des passagers.

Erambert et son aide portèrent mes bagages au

bureau de la douane, petit pavillon de bois avec verandah.

— N'avez-vous rien à déclarer? dit un douanier.

— Je vais ouvrir mes malles...

Tandis qu'il m'éclairait avec une chandelle de suif, plantée dans un bougeoir de fer-blanc, je dénouai les cordes et je soulevai les couvercles. La vérification terminée, les canotiers, qui avaient été chercher un *bayard*, placèrent mes malles dessus et me conduisirent à l'hôtel.

En 1805, cette maison était habitée par un vieux célibataire, faisant l'usure. Il passait pour avoir de fortes sommes chez lui. Cet homme, nommé Martin, d'une défiance extrême, avait la manie d'envoyer, la nuit venue, ses domestiques coucher au-dehors, ne voulant pas qu'aucun d'eux ne restât auprès de lui. Le soir du 18 avril, il s'enferma comme à l'ordinaire. Le jour suivant, la maison ne s'ouvrit pas à l'heure accoutumée. Les voisins prévinrent le commissaire de police. Ce magistrat fit enfoncer la porte et pénétra à l'intérieur. Rien n'était dérangé dans les chambres. Seulement on n'y trouva personne. Qu'était devenu le vieux Martin! son coffre-fort ne présentait aucune trace d'effraction, mais il était vide.

Après avoir repris haleine devant la porte, les porteurs entrèrent dans un corridor obscur, prirent un escalier éclairé par une lampe, placée sur une consolo dans l'angle et, non sans geindre, montèrent au premier. Une massive créole en peignoir blanc, s'avança pour recevoir le voyageur nocturne. C'était la maîtresse de la maison en personne, mademoiselle Célanire.

Il était minuit passé. J'éprouvais le besoin de prendre immédiatement du repos. Mademoiselle Célaniro me conduisit au second étage, à la chambre numéro 9, la seule inoccupée sur la façade. On sait avec quelle parcimonie sont garnis les logis banaux où le voyageur, cet oiseau de passage, pose à peine. La chambre numéro 9 est d'une simplicité presque monastique. Ni rideaux à la fenêtre, ni moustiquaire au lit. Deux chaises de paille, une armoire, une large cuvette en terre cuite pour les ablutions du matin, une petite table, c'est tout...

Rapidement déshabillé, j'escaladai le lit étroit comme celui d'un pensionnaire, d'une blancheur immaculée aussi, et qui exhalait l'odeur de lessive que, pour ma part, je préfère à tous les ylangs ylangs. J'espérais reposer sur cette couche si fraîche. Horace s'endormait au bruit des cascaselles de Tivoli et de Tibur. Pétrarque rêvait au murmure assoupissant de la Sorgue. Moi qui étais brisé de fatigue, je ne pus m'assoupir au bruit des lames déferlant sur le rivage et de la fontaine qui orne la place que nous avions traversée en venant. Cette fontaine, il paraît, ne se tait jamais, comme les jets d'eau de Chantilly, dont parle Bossuet. Ainsi s'écoula le reste de la nuit, et, malgré ma fatigue, ce fut seulement vers trois heures du matin que je pus m'assoupir. Au même instant je songeai à l'ancien habitant de la maison. Je fermai les yeux, mais sans pouvoir sommeiller. Tous les détails inconnus de sa disparition se présentaient à mon esprit. La chambre me semblait pleine de fantômes et de cris d'angoisse. Le retour du jour dissipa ce cauchemar. J'allais enfin m'endormir, lorsqu'on frappa à la porte.

Sautant à bas du lit, je tirai la targette.

Une femme de service, l'Indienne, ou mieux l'Indou Aï-lon-Don entre (1). Cette immigrante avait dans sa démarche un air de bonne grâce, de noblesse, que pourrait envier plus d'une *bianca de la tierra*. Sa robe d'indienne, à raies de couleurs diverses, se drape avec élégance autour de sa taille souple. Ses pieds nus traînent des *sapates* éculées qui claquent en marchant. Ses traits sont fins et réguliers, ses yeux doux et pénétrants, sa bouche un peu grande, mais souriante et bien dessinée. Des bracelets, un collier d'or, ceignent ses poignets et son cou. Un ornement de

(1) Voir les *fleurs des Tropiques.*

même métal en forme d'épingle à cravate traverse les ailes de son nez. J'avoue que j'ai été un peu surpris par l'apparition de cette Hébé du Coromandel qui m'apportait une tasse de café.

Je savoure le délectable breuvage qui me plaît presque autant que Racine, n'en déplaise à madame de Sévigné, puis je m'habille, ce qui n'est pas long. Dans les régions équatoriales on couche sur son lit et non dedans, on garde sa chemise, son caleçon et ses chaussettes, encore faut-il pour cela que la température de la nuit ne soit pas trop élevée.

Ma toilette finie, j'ai ouvert les jalousies pour me mettre à la fenêtre. A l'étage inférieur un officier d'infanterie de marine arpentait le balcon mélancoliquement. Le temps était à la pluie. Dans la rade un petit bateau à vapeur s'avançait, rasant silencieusement le rivage, et, laissant derrière lui un sillage argenté, il toucha à l'appontement, sans secousse, sans bruit, comme un cygne qui aborde. Il venait de la Pointe-à-Pitre. Le feu du port était éteint. Je reconnus sans difficulté le pavillon de la douane. Le magasin du port se trouve à droite. Sous mes yeux s'étendait le cours Nolivos, magnifique esplanade plantée de beaux tamarins, promenade intérieure de la ville, où les habitants se réunissent le soir sur les bancs disposés sous les panaches flottants des arbres.

L'*hôtel Célanire* est une véritable maison de famille, comme il en existe en Angleterre. J'ai trouvé au salon plusieurs personnes, société choisie et avenante. Je cite au hasard : monsieur Adolphe Rollin, ancien député de la Guadeloupe, membre du conseil général, le commissaire d'immigration Niestin, pensionnaire de fondation, le capitaine du 2ᵉ régiment d'infanterie de marine que j'avais aperçu de ma fenêtre sur le balcon. Promu chef de bataillon et envoyé en Cochinchine, il attendait avec sa famille le paquebot. Monsieur Boninais, sous-lieutenant dans le même corps, officier d'ordonnance du gouverneur, était venu lui rendre visite. Depuis il a fait son chemin.

Tous ces messieurs étaient occupés à prendre le vermouth. Ils m'engagèrent à faire comme eux.

Les jeunes gens ont un penchant naturel à se lier. Les premières phrases échangées, nous étions, le sémillant sous-lieutenant et moi, voyageur obscur, les meilleurs amis du monde. Il offrit, avec une spontanéité révélant sa sympathie pour moi, de me procurer gîte et couvert le jour de mon excursion au camp Jacob et à la Soufrière. Je promis de profiter de sa bénévole proposition.

- *Messieurs là servi...*

Debout dans l'encadrement de la porte, la serviette sur le bras, l'Indien Chinasemby, cumulant les fonctions de commissionnaire, d'aide de cuisine, de cireur de bottes et de garçons de salle, prononçait la formule solennelle.

Interrompu par l'apparition de ce maître Jacques, notre entretien a été repris à table.

— Notre cité, commença monsieur Rollin, n'a pas toujours été telle que vous la voyez. Sur une partie de l'emplacement, s'élevait, du temps des Indiens, un *au them* (village) important. Les bourgs de la colonie étaient Saint-François et la Basse-Terre, séparés par la Rivière-aux-Herbes.

« Ces bourgs distincts, où l'on ne comptait que deux cent soixante maisons, furent livrés aux flammes par les Anglais. Rebâtis depuis, ils finirent par se réunir en s'agrandissant. Ils ont formé la ville actuelle, peuplée de 10,000 âmes et à laquelle la dénomination du dernier est restée.

» Le panorama de la Basse-Terre, quand on y arrive par mer, est assez grandiose et très pittoresque. A l'entrée de la rade on se trouve parfaitement placé pour l'embrasser d'un coup d'œil. On a alors devant soi la plus ancienne ville de la Guadeloupe, nonchalamment couchée au bord des flots, sur une grève en amphithéâtre de trois kilomètres de longueur, entre la Rivière-des-Pérès et la Rivière-des-Galions, défendue et protégée par la batterie républicaïne, située sur la rive droite du premier de ces cours d'eau, par la batterie Caroline, sur la rive gauche du second et par le fort Richepance, qui veille à l'embouchure, sur sa rive droite.

» Derrière la ville s'élève, fermant l'horizon comme un immense paravent, une chaîne de montagnes dominée par la Soufrière, volcan en activité.

» A l'ouest se montre, le Nez-Cassé, tandis qu'à l'est se dresse l'Echelle, Bellevue. Belort, Ducharmy, l'Ilet, l'Espérance, le Morne-Houël, sont autant d'habitations sucrières ou caféières semées aux flancs ou qui couronnent les sommets des mornes formant leurs premiers gradins. Chinatemby, passe-moi le poivre... »

— En 1737, continua M. Noirtin, qui prit la parole en voyant M. Rollin attaquer son potage, le gouverneur de Clien chercha a embellir la cité. Par son ordre on perça une nouvelle rue dans le bourg Saint-François. La Basse-Terre, née de la veille, sortait de ses fondations, lorsque le 21 janvier 1759, une flotte anglaise parut. Le gouverneur Nadau de Treil, pensant que les ennemis effectueraient leur débarquement loin de la ville, se contenta de mettre les batteries en état de résister et confia au sieur de la Potherie, lieutenant du roi, mon grand-oncle maternel, la garde du fort défendu par cent vingt soldats de marine, quelques Suisses et quelques miliciens. Il porta le reste de ses

forces sur les points accessibles de la côte. Ses pré-
visions ne devaient pas se réaliser. L'amiral Moore
avait un plan autre que celui qu'on lui supposait. Il
voulait prendre terre sur des ruines et des cendres. La
flotte opéra ses évolutions dans la nuit, et au jour, on
vit plusieurs navires embossés devant le fort, d'autres
devant les batteries. Monté sur le *Woolwich*, sous
voile, à une distance prudente, Moore donnait ses derniers ordres pour le bombardement. Le fort Saint-
Charles riposta vivement au feu nourri des assaillants.
Après huit heures de canonnade, toutes ses pièces
étaient démontées, la plupart de ses défenseurs morts
ou mourants. Mon grand-oncle donna avis à Nadau
de Treil de l'état désespéré de la petite citadelle.

— Evacuez... fit tout d'abord répondre le gouverneur, puis se ravisant, il envoya son aide de camp dire
de tenir quand même.

» A l'autre extrémité de la ville la lutte n'était pas
moins acharnée.

» La batterie royale est rapprochée de celle des
Irois, la dernière sur ce point. Pour ce motif, Moore
ne leur avait opposé que le *Rippon* dont le tir démonta
leurs pièces. Comme les servants se retiraient, le
Rippon s'approcha pour les mitrailler et échoua. Ces
hommes revinrent aussitôt sur leurs pas. Tandis que
les uns faisaient tomber une grêle de balles sur le

pont du navire, les autres traînaient sur la falaise un canon dont la décharge enleva nombre de matelots et endommagea les agrès. Un baril de cartouches, placé à l'arrière, fit explosion et mit le feu à bord. C'en était fait du *Rippon*, si le *Bristol*, accouru à ses signaux n'avait forcé par sa canonnade nos soldats à se retirer. Les batteries étaient démontées, le fort démoli. Leurs défenseurs avaient péri. Les femmes, les vieillards, les enfants s'étaient réfugiés au Réduit; il ne restait que quelques retardataires dans la ville. Eh bien, le lendemain à la pointe du jour, Moore fit approcher des galiotes qui jetèrent l'ancre et ouvrirent le feu sur la ville, désolée et muette. Bientôt le feu se déclara. Les galiotes continuèrent de diriger leurs projectiles sur les quartiers non encore incendiés. A dix heures, le magasin des poudres sauta. Le gros de la flotte vint mouiller en rade et les troupes de débarquement, descendues à la Rivière-aux-Herbes, entrèrent dans la ville en cendres.

» Sous l'administration réparatrice de Campbell-Dabrymple, la Basse-Terre se releva plus grande, plus belle qu'auparavant. Cet accroissement ne se ralentit pas après la remise de la colonie en 1763, au chevalier de Bourlamarque. Deux ans plus tard, le comte de Nolivos la trouva pleine de force et de vie et n'ayant pas à la restaurer, songea à l'orner. On perça de nouvelles rues, on jeta un pont sur la Ravine-à-Billot, on ouvrit la promenade, qui conserve son nom.»

— La Basse-Terre, longtemps la seule ville de la colonie, ajouta le capitaine Aubert, a perdu beaucoup d'habitants à la suite des incendies qui l'ont désolée et surtout après l'ouragan de 1825. Aujourd'hui son commerce est nul ; elle se contente d'être la résidence du gouverneur, la capitale de la Guadeloupe. A ce titre elle est le siége de la Cour d'appel et de la Cour d'assises. Elle a, en outre, un tribunal de première instance, une justice de paix, une chambre de commerce, une chambre d'agriculture, un hôpital militaire, un hôpital civil, une maison de correction, deux maisons conventuelles, un séminaire-collége et un pensionnat de demoiselles. D'après la statistique de M. J. Ballet, qui va de 1835 à 1877, le chiffre de la population immatriculée est de 7,175 habitants, la garnison et les émigrants non compris.

— *Messieurs*..... interjeta Chinatemby, *café servi salon...*

II

Edifices administratifs. — Le Camp-Jacob. — *Mesurons la profondeur...*

L'après-midi j'allai visiter la cathédrale et l'évêché ; le bâtiment est désaffecté aujourd'hui. Le siége épiscopal de la Guadeloupe est vacant depuis 1884. En sortant je m'égarai. Tandis que je cherchais à m'orienter sur une place, j'aperçus un soldat qui balayait la galerie d'une maison à ma gauche, je le priai de me dire quels étaient les divers édifices qui m'entouraient.

Voici le commissariat de la marine. L'ordonnateur est chargé, sous les ordres du gouverneur, de l'administration de la marine, de la guerre et du trésor; de la police, de la navigation, du pilotage, de la pêche, du service sanitaire de la mer; de la direction des travaux de toute nature, payables sur le budget de l'Etat; de la comptabilité spéciale des dépenses inscrites au même budget et de la surveillance générale de la comptabilité des autres services.

Puis le fantassin me nomma, en les indiquant de son balai, l'hôtel du gouvernement, la direction de l'intérieur, le trésor-public, le palais de justice, les prisons, l'imprimerie du gouvernement.

L'hôtel du gouvernement, construction en bois, n'a de remarquable que les dimensions de sa longue façade. Un seul étage avec galeries superposées. Avant 1828, cette maison appartenait au commandant d'artillerie Philibert. A sa mort, le ministre marqua son désir au contre-amiral baron Angot des Rotours « gouverneur pour le Roi, » de le voir résider en ville plutôt qu'à la campagne. Le chef de la colonie s'y établit et la fit agrandir.

Depuis lors elle n'a pas changé de destination.

La direction de l'Intérieur est contigüe.

Comme je ne pouvais pas présenter mes civilités au gouverneur, attendu qu'il était à sa maison du Camp-Jacob, je demandai à un garçon de bureau de couleur, si le directeur de l'Intérieur était visible.

Ce fonctionnaire, créé par ordonnance du 10 octobre 1817, avait, au début, dans ses attributions, la culture, le régime des noirs, le commerce, les chemins, les travaux civils, les cultes, les fabriques des paroisses, la surveillance des deniers municipaux, les hospices civils, l'instruction publique, la presse, la police non militaire, maritime ou judiciaire, le recensement de la population libre et esclave.

Le garçon passa ma carte.

Je vis venir à moi un homme aux cheveux blancs, grand, portant rosette rouge à la boutonnière de son veston de coutil.

C'était M. A. Eggimann. Je ne vous ferai pas son portrait. Regardez une pièce de cent sous à l'effigie de Louis Philippe.

Cet aimable fonctionnaire n'a pas seulement le profil royal, il a de plus, et ceci compte pour ceux qui ont l'honneur de l'approcher, l'abord très-sympathique. Son accueil fut d'une affabilité extrême. Il répondit à toutes mes questions, peut-être indiscrètes parfois, avec une bonne grâce charmante. On parla du préjugé de couleur :

— C'est une dent difficile à arracher, disait-il.

— Bien mauvaise surtout, car elle n'est point de sagesse.

Et le directeur de sourire.

En sortant de son cabinet, je passai devant le Trésor public et j'entrai dans la cour du Palais de Justice qui touche à la maison de correction et de discipline. Là, les hommes condamnés à moins d'un an, les disci-plinaires et les femmes condamnées à plus ou moins d'un an, subissent leur emprisonnement

Devant moi, j'avais un vaste enclos, clôturé d'un mur à hauteur d'appui, avec grille en fer oxydé. Au milieu l'Imprimerie du gouvernement.

Le chef me fit visiter l'atelier. Il y règne un ordre, une activité qui font plaisir. Ici, les compositeurs béquètent de leurs doigts agiles les caractères dans les cases. Là, les pressiers, artilleurs de la typo-graphie, conduisent les machines. *Fervet opus !*... Plus loin les apprentis décomposaient le dernier numéro de la *Gazette de la Guadeloupe,* paraissant le mardi et le vendredi, donnant, comme partie officielle, les notes de l'administration, et comme partie non officielle, les nouvelles locales et des variétés.

Le jour suivant, la Place-aux-Herbes et la grande rue du Fort présentaient le spectacle le plus animé, ce qui me parut anormal, car je les avais vues silencieuses la veille.

Des charrettes attelées de bœufs, des files d'ânes grotesquement bâtés, des cavaliers se frayaient à grand peine un passage au travers la fourmilière des nègres et des gens de couleur. Des portefaix vigoureux, allaient et venaient, portant des paniers, des caisses, roulant des tonneaux. Les négresses, vêtues de cotonnades légères, coiffées de mouchoirs aux couleurs éclatantes, se pressaient, se croisaient en tumulte, balançant sur leur tête le couffin de fruits ou de légumes qu'elles maintiennent aux passages difficiles, de leurs bras arrondis comme l'anse d'une amphore. Les unes courent dans la foule, sous leurs fardeaux en équilibre, avec une souplesse de chat sauvage ; les autres s'en vont à petits pas, les mains sur la hanche, se dandinant avec une nonchalance tout-à-fait gracieuse.

J'avais le coup d'œil du marché.

Sur la place, le long de larges auvents, disposés à droite et à gauche, des fruits, des fleurs, des herbes, des poteries, des cotonnades brillantes, des madras, des foulards, des poissons, des coquillages, des barils de salaisons et bien d'autres articles étalés par terre, autour des marchands accroupis. Il y avait des piles d'oranges, d'ananas, de melons, de noix de coco, de choux panachés, de jambons, de fromages dorés, des tas d'oignons et de bananes, de mangues et d'ignames, de citrons et de pommes de terre, répandus pêle-mêle à côté d'énormes bottes de fleurs.

L'esplanade est si encombrée qu'on marche presque sur les étalages et qu'on risque, à chaque pas, de tomber sur une vieille négresse ou d'écraser un panier plein d'œufs.

Les acheteurs s'agitent et bourdonnent incessamment comme un essaim de mouches noires : on marche, on gesticule, on dispute, on rit, on gazouille dans le patois créole si harmonieux.

Le hasard réunissait sous mes yeux et dans toute leur coquetterie, les plus jolis types de femmes du peuple. C'étaient la négresse des mornes aux cheveux courts, abritant ses joues de jais sous un large chapeau de paille grossière ; l'immigrante, fleur transplantée de l'Indoustan, dont les cheveux lisses ont des reflets de moire ; l'habitante des faubourgs avec son chignon de marquise ; les calresses, beautés naïves auxquelles donnent du piquant leur peau bronzée, dont les nuances variées sont admirables au soleil des tropiques ; enfin, au milieu d'elles, comme une perle de nacre au milieu d'un collier, de perles de jais, la plus gracieuse de toutes, la quarteronne avec son teint blanc mat, et ses yeux de sombre antéthyse.

En quittant le marché, je rencontrai des prisonniers. Ils travaillaient à l'entretien de la rue sous la surveillance d'un garde-chiourme noir, gros et court, armé d'un bâton comme un ancien commandeur.

Je regagnai l'hôtel. A l'entrée du corridor, se tenait un jeune sous-lieutenant d'infanterie de marine, botté comme un dragon, une cravache à la main.

— Tiens! lui dis-je, depuis quand servez-vous dans les plongeurs à cheval?

— C'est bien le moment de vous gausser de moi, répondit-il. Je vous attends depuis une bonne heure. Mademoiselle Célanire dit que vous n'êtes jamais à la maison. J'étais sur le point de repartir.

M. Boninais venait me chercher pour me conduire à la Soufrière.

Nous descendîmes sur le Cours, où son ordonnance tenait en bride deux chevaux sous les arbres. L'officier enfourcha *Zénith*, j'enfourchai *Nadir*, et nous prîmes le trot.

A la rue pavée qui conduit au champ d'Arband, nos montures ralentirent d'elles-mêmes leur allure et se mirent à marcher, l'une derrière l'autre, comme des mules espagnoles.

M. Boninais, me montrant une habitation que l'on aperçoit de la rue, au fond d'un jardin entouré de murs, me dit :

— Voici l'externat des sœurs instítutrices de Saint-Joseph de Cluny qui dirigent, outre celui-ci, deux établissements du même genre, vingt et une écoles communales et le pensionnat du Petit-Versailles, que nous trouverons plus loin.

Mon compagnon s'approcha de la verandah basse de l'hôtel du gouvernement, et appela le garçon de bureau qui lui remit le courrier du gouverneur. Ensuite nous prîmes côte à côte la route, au bord de laquelle s'élève, à peu de distance du champ d'Arband, l'hospice Sainte-Hyacinthe, hôpital militaire.

A une fenêtre était accoudée une femme en guimpe, dont la physionomie reflétait la bonté et la compassion aux souffrances d'autrui. Ses yeux semblaient dire comme l'Anna de Virgile : *Miseris succurrere disco...*

La route que nous suivions est large, belle, admirablement entretenue. Des deux côtés ont voit des maisons de campagne, qui forment une ville clair-semée sur les hauteurs du Camp-Jacob.

Nous montions toujours. L'horizon s'élargissait progressivement. Je plongeais mes regards dans chaque échappée de vue. A un certain moment, je découvris sur une éminence une habitation presque abandonnée.

Le fermier, un nommé Salager, mécontent de son domestique Alexis, l'avait grondé avec vivacité. A en croire ce dernier, son maître l'aurait même frappé. Quoi qu'il en soit, Alexis médita sa vengeance, communiqua son dessein à Jean-Baptiste, cuisinier, à Hilarion, dit Lagon, cultivateur, à Noël et à Jean-Baptiste, charpentier, demeurant sur l'habitation ou aux environs.

Loin de le détourner de son affreux projet, ces misérables l'encouragent et lui procurent un fusil.

Le 18 janvier 1802, Salager était à table avec sa sœur et son frère cadet, vers sept heures du soir. Alexis dissimulant son arme chargée de plusieurs projectiles, et accompagné de Jean-Baptiste, s'approche en rampant d'une fenêtre de la salle à manger. Précisément Salager lui tournait le dos. Alexis appuie son fusil sur la fenêtre, vise et tire, Salager tombe mort; son frère et sa sœur sont blessés.

Les habitants de la Basse-Terre furent vivement émus de cet assassinat, qu'ils ne savaient pas être le résultat d'une haine personnelle. Ce crime causa une profonde sensation de terreur. On croyait y voir le prologue du drame que l'on redoutait alors, le massacre des blancs par les noirs.

On apprit que les assassins s'étaient réfugiés dans les bois du Matouba. Pélage, membre du conseil formant le gouvernement provisoire, quitta la Pointe-à-Pitre et se rendit à la Basse-Terre avec la ferme intention de découvrir leur repaire. Qui connaît les falaises, les routes, les précipices au milieu desquels Jean-Baptiste et Alexis s'étaient retirés, comprend la difficulté de l'entreprise. Pélage réunit les dragons de la Basse-Terre et des environs, et se met à leur tête. On fouille les bois, on sonde toutes les cavernes, on explore les voûtes du Constantin.

La journée s'écoule sans rien découvrir.

Pendant que Pélage et les autres officiers délibéraient pour savoir si l'on rentrerait en ville ou si l'on passerait la nuit dans les bois, les dragons, à bout de forces, s'étaient assis ou étendus, çà et là, sur le sol. Beillard, plus intrépide que ses camarades, furetait à l'entour. Au pied d'un rocher il remarque des herbes, des feuilles sèches qui lui paraissent suspectes. Il les écarte avec son sabre. Un remuement se produit. Aussitôt il crie :

— A moi!... à l'aide!...

A cet appel, vingt camarades entourent Beillard. Ils dégagent l'entrée de la grotte. Alexis se laisse prendre sans résister, et fait connaître la retraite de Jean-Baptiste. Les deux criminels sont conduits en ville, liés et garrottés. La commission militaire, nommée pour juger les prévenus, entra en séance, le 15 février.

Elle prononça la peine de mort contre Alexis, Noël, Hilarion et les deux Jean-Baptiste. Plusieurs autres cultivateurs ou ouvriers qui avaient eu connaissance de l'attentat que préparait Alexis et qui avaient gardé le silence, formaient une seconde catégorie d'accusés. Parmi ceux-ci, Gédéon et Tam furent condamnés à vingt ans de fer, Etienne à dix ans; Ismaël, un enfant de douze ans, à trois mois de détention, sur l'habitation dont il dépendait; enfin la négresse Judith à trois ans de travail à l'hospice militaire.

Aux termes du jugement les condamnés devaient être fusillés dans les vingt-quatre heures, sur le lieu même du crime. Pélage voulut assister à l'exécution. Il conduisit sur l'habitation Ducharmey, un détachement de grenadiers dont la multitude de noirs, accourus des communes voisines, rendait la présence nécessaire. On fusilla les quatre premiers condamnés, sans qu'il se produisît aucun incident. Alexis, voyant que sa dernière heure était avancée, se mit à haranguer la foule en créole. Les soldats s'approchèrent pour lui bander les yeux. Il résista. A ce moment un murmure prolongé s'éleva des groupes de spectateurs. Ils s'agitaient, disposés à arracher le patient des mains de ses gardes. Pélage donne l'ordre d'attacher le fatal bandeau. Ceux-ci restent immobiles. Pélage marche à eux, leur reproche du regard leur désobéissance, saisit l'assassin, le force à se laisser garrotter et commande le feu.

Force resta à la loi.

Nous avions fait environ une lieue, lorsque nous débouchâmes sur une savane, où étaient groupées plusieurs habitations.

— Nous voilà au Camp-Jacob, reprit l'officier. La préoccupation constante du contre-amiral, baron Angot de Rotours, gouverneur en 1826, fut de trouver un lieu propice à l'établissement d'un camp d'acclimatation pour la troupe, ainsi que le prouve sa correspondance, tant avec le ministre qu'avec les chefs d'administration et les commandants des quartiers. Cette savane, d'une étendue assez considérable, primitivement appelée Saint-Claude, était une dépendance de l'habitation Le Pelletier. Inculte et d'une terre très médiocre, elle avait été mise en vente. Le gouverneur l'acheta et y établit le camp qu'on désigne par le nom de Camp-Jacob, mais qui pourrait, à plus juste titre, s'appeler camp des Rotours. *Sic vos non vobis...*

Les Amerigo Vespucci sont plus nombreux qu'on ne pense.

Mais notre première étape est faite. Demain matin nous monterons à la Soufrière. Comme je n'ai pas de

domicile particulier, attendu qu'en ma qualité d'officier d'ordonnance, j'ai à l'hôtel du Gouvernement le
vivre et le couvert, je vais vous conduire chez le garde
du génie, à qui j'ai demandé l'hospitalité pour vous.

L'oiseau réveille-matin, le *pipiri*, chantait à peine
lorsque j'entendis, le lendemain, des piaffements
devant la porte. M. Boninais entra dans ma chambre.
Je sautai à bas du hamac, dans lequel j'avais passé
la nuit. En un tour de main, je fus prêt à mon tour. Au
bout d'une heure nous traversâmes un pont en fer,
dont le parrain a été M. de Noziéres, gouverneur-
général des Iles du Vent en 1772. Sa situation pittoresque est son seul mérite. Jeté d'un escarpement à
l'autre, au-dessus d'une gerçure profonde, il domine,
à une grande hauteur, la Rivière Noire qui bouillonne
et blanchit au fond de son lit sombre et encaissé,
mêle à l'aval ses eaux, à celles de la rivière Saint-
Louis, et forme avec elle la rivière des Pères.

Je m'arrêtai sur le tablier du pont et me penchant
par-dessus le parapet, je cherchai à mesurer l'abîme.
M Boninais, à ce mouvement, me dit :

— Au moins ne faites pas comme Cuachy...

— Qu'est-ce qu'il fit donc?

— Soldat de la 5e compagnie du 1er bataillon du régiment de la Guadeloupe, il avait mérité une punition.
Deux hommes et son caporal le conduisaient, le

5 novembre 1822, du Matouba aux locaux disciplinaires de la Basse-Terre, lorsque arrivé sur ce même pont, en bois à cette époque, il s'écria : « *Mesurons la profondeur !* » en enjambant le garde-fou.

Les gardiens, stupéfaits, descendent par des détours dans le lit du torrent pensant ramasser un cadavre en lambeaux. Notre réfractaire, confortablement assis sur un rocher formant fauteuil, paraissait plongé dans ses réflexions. Tombé d'une hauteur de trente cinq mètres dans un bassin assez profond, il ne s'était fait aucune écorchure.

— C'était vraiment miraculeux !…

Laissant derrière nous le pont de Nozières, nous entrâmes dans la commune du Matouba, autrefois nommée le Paac. La fraîcheur dont on jouit dans ce quartier, rappelle le climat d'Europe. Jamais la fièvre jaune n'a osé s'y montrer. Sur ces hauteurs on trouve des eaux d'une température de cinquante-trois degrés centigrades qui déposent beaucoup de soufre.

III

La Roche-à-Cortès. — Les *Bains-Jaunes*. — Déjeuner. — La Soufrière. — Ascension et descente. — A la *ramasse*. — Beauté du soir.

Après la commune du Matouba, on trouve la Savane-à-Mulets. Elle s'étend devant la Soufrière, au pied de laquelle apparaît, comme un énorme dogue accroupi, sentinelle avancée de la montagne, un rocher que mon compagnon me dit être la *Roche-à-Cortès*.

— Comment donc ! exclamai-je, Fernand Cortès est venu à la Guadeloupe ?

— Non. Mais Manuel Cortès y Campomanès, un de ces officiers d'état-major qui savent profiter de leurs loisirs pour s'occuper d'art et de sciences. Il employait les siens à interroger le sol de l'île sur ses richesses minérales et zoologiques. En 1805, il faisait de fréquentes excursions pendant lesquelles le creux d'un rocher, les branches d'un arbre devenaient souvent sa chambre à coucher. Surpris par la pluie, il se retirait sous cette voûte qui lui offrait un abri naturel, et à laquelle, pour cette raison, on a donné son nom.

Après avoir examiné cette petite grotte qui, vue de près, fait l'effet d'une niche colossale, nous continuâmes l'ascension par un chemin assez difficile pour des cavaliers, car il s'enfonçait sous des arbres, mais en revanche agréable pour les piétons.

— Nous sommes dans la forêt des Bains-Jaunes, dit M. Boninais.

La rosée scintillait sur le feuillage épais des arbres. Un musicien emplumé voletait de branche en branche, faisant entendre son chant singulier. Les vieux troncs se montraient revêtus de mousses, parés de lianes flottantes. Les fleurs de pourpre des balisiers, ces bananiers sauvages, ressortaient sur la verdure, comme des taches de sang. Sous les pieds de nos montures, marchant à la queue leu leu, les fougères frissonnaient au souffle de la brise et étalaient leurs tapis autour de nous.

Au bout d'une demi-heure de chevauchée sous bois, *Zénith* s'arrêta devant une espéce de bassin, *Nadir* en fit autant.

Nous étions aux Bains-Jaunes.

C'est vraiment une merveille que ces eaux sulfureuses et néanmoins transparentes. Du flanc de la montagne elles s'épanchent dans une vasque arrondie par la nature. Il faut être arrivé sur ses bords, après une course matinale, pour se faire une *idée* de la volupté avec laquelle on se plonge dans ces flots tièdes qui déposent d'abondants précipités contenant plus de cinquante pour cent de leur poids de peroxyde de fer.

Nous mîmes pied à terre. *Nadir* et *Zénith* furent attachés aux troncs des acomats orgueilleux rangés circulairement autour du bassin comme les piliers d'une rotonde et dont les cavités nous servirent de cabinets de toilette.

Quel apéritif qu'un bain! Je vous laisse à penser l'appétit que nous avions en sortant de l'eau. Pourrait-on choisir meilleur moment pour déjeuner? Nous étions à moitié chemin de la Soufrière. M. Boninais étendit sur l'herbe un vieux numéro de la *Gazette officielle* et la nappe se trouva mise. Il tira ensuite les provisions de sa gibecière. Je reconnus avec plaisir que mon aimable compagnon était, eu égard à sa prévoyance, plus que digne d'être nommé ordonnateur. Rien ne manquait. Il y avait même, ô raffinement! des ananas au jus de Mme Toutoute Roux. Ces fruits supérieurs aux ananas *pains de sucre* de Puerto-Rico, ont été médaillés aux expositions universelles de Paris, d'Altona et de Vienne.

Notre repas terminé, nous nous sentîmes un courage d'Alpiniste pour escalader le Gaurijankar guadeloupéen.

Nous nous remîmes en selle. Il fallait gravir le Goyavier qui précède la Soufrière. Le chemin, devenant sentier, s'escarpe au flanc de ce morne. L'horizon s'élargit sur tous les points. Nous ne perdions pas de vue un seul instant le cône nébuleux d'où nous arrivaient les rumeurs produites par le travail intérieur du volcan.

— Vous ne m'avez pas encore dit quelle distance il y a de la Basse-Terre à la Soufrière?

— Mon Dieu, répondit mon compagnon, le volcan est éloigné de la ville de treize cents mètres. C'est un ennemi sans cesse menaçant derrière elle, mais avec lequel elle s'est familiarisée, avec lequel elle vit même, on peut le dire, en bonne intelligence. On monte à son cratère, on se chauffe aux fumerolles, on joue avec la montagne terrible, sans songer qu'elle récèle en son sein des éclairs et des tonnerres; qu'on marche sur une immense fournaise qui peut en un clin d'œil faire voler en éclats la mince croûte de terre que foule votre pied, et vous ensevelir sous ses débris.

— Brr... si nous allions être surpris par une de ces convulsions volcaniques. Cette pensée ne vous fait-elle pas frissonner ?

— Bah ! ne sommes-nous pas l'*audax Iapeti genus?*

— Oui, je comprends; un militaire...

Une nouvelle étape d'une heure au moins, car notre marche était retardée par les précautions à prendre pour guider nos montures, nous conduisit au pied du Grand-Piton. Il était prudent d'y laisser *Nadir* et *Zénith.*

Nous dessellâmes ces braves bêtes qui n'avaient fait aucun faux pas; nous les débridâmes également. Attachées à deux mapous, elles purent tondre à leur aise, de la largeur de leurs langues, l'herbe un peu sèche qui croissait autour.

Le Grand-Piton est à pic. On y grimpe, en se cramponnant aux ananas sauvages qui le parent de leurs rouges plumets, par des sentiers de plus en plus

escarpés et connus des seuls agontis, hôtes rarement
troublés de ces retraites inviolables. Au fur et à
mesure que nous gravissions, les sommets voisins
s'abaissaient, le panorama s'étendait, le sol changeait
complétement d'aspect. Nous ne rencontrions que des
arbres rabougris. Bientôt toute végétation disparut.

Tandis que j'examinais les larges déchirures, les
profondes crevasses dans lesquelles le regard plonge
avec terreur, les énormes quartiers de roches jetés
en désordre comme par des Titans en lutte, ma pensée se reportait aux jours lointains où le volcan était
en pleine éruption. A quelle époque son activité s'est-
elle ralentie? Qui le saura jamais?

Christophe Colomb écrit dans le journal de son
deuxième voyage, qu'en approchant de *Karukéra* il
aperçut au milieu de l'île une montagne conique d'une
grande altitude. Du sommet, une cascade s'épanchait
avec un bruit tel qu'il l'entendait de son bord, bien
qu'à trois heures de la côte au moins.

De 1493 à 1645 s'écoule une période d'années paisibles.
Le volcan ne fait pas parler de lui. A la dernière date,
le P. Dutertre écrivait : « Au milieu de l'île, tirant un
» peu vers le midi, est la célèbre montagne de la Sou-
» frière dont les pieds foulent le sommet des autres et
» qui s'élève fort haut dans la moyenne région de l'air,
» de sorte que, si l'on était au haut de cette montagne

» on aurait le plaisir de voir se former les nues et
» d'ouïr gronder le tonnerre sous ses pieds. Cette
» montagne est presque ronde. Au-dessus de la plate-
» forme s'élèvent deux petites éminences, comme
» deux pointes de rocher, distantes de vingt à trente
» pas, une au sud, l'autre au nord. Celle-ci semble
» être une gueule de l'enfer ou une cheminée du mont
» Gibel, fumante comme une fournaise enflammée, et
» dans les nuits les plus sereines, on voit cette fumée
» entremêlée de petites flammes. »

Un demi-siècle plus tard, ces flammes n'étaient
plus que des étincelles. Le P. Labat, qui visita la
Soufrière en 1696, dit : « Quand nous eûmes marché
» environ trois heures et demie tournant autour de la
» montagne et montant toujours, nous nous trouvâmes
» dans des pierres brûlées et dans des cendres qui
» sentaient très-fort le soufre. Enfin nous arrivâmes
» sur la hauteur. C'est une vaste plate-forme inégale.
» La terre fumait en bien des endroits et surtout dans
» ceux où il y avait des fentes et des crevasses, où
» nous ne jugeâmes pas à propos de nous aller pro-
» mener ; mais nous prîmes de côté sur un amas de
» grosses pierres calcinées, appelées le *Piton de la*
» *Soufrière*. Comme il n'y avait ni cendres, ni fumée,
» nous y montâmes sans crainte, et nous vîmes au-
» dessus de nous, du côté de l'est, la bouche de la

» Soufrière ; c'est un trou ovale qui me parut de dix-
» huit à vingt toises de large dans son plus grand
» diamètre. Ses bords étaient couverts de grosses
» pierres mêlées de cendres et de quartiers de soufre.
» Il en sortait une *fumée noire mêlée d'étincelles.* Il y
» a une autre bouche beaucoup plus petite que la
» première et qui paraît comme une voûte ruinée. »

Le P. Labat ajoute que le volcan jetait des cendres
de temps en temps et qu'il en trouva plus d'un demi-
pied entre les rochers calcinés qu'il rencontra dans
son ascension.

Depuis cette époque, non-seulement le volcan ne
faisait plus d'éruption, mais encore il semblait s'éteindre. En 1797, il ne montrait sa vitalité, comme de nos
jours, que par des jets de vapeur qui sortaient en sif-
flant de quelques crevasses.

Le 28 septembre, de cette même année, sur les six
heures du soir, par un temps calme et serein, le vent
d'est soufflant, on entendit à la Basse-Terre et même
sur la côte orientale de la Grande-Terre, un bruit
sourd, pareil au grondement du tonnerre. Ce bruit
cessa brusquement. A huit heures il recommença,
accompagné d'une légère secousse de tremblement de
terre et alla, toujours augmentant, jusqu'au moment
où il éclata comme des salves d'artillerie. Les personnes qui avaient pu s'endormir furent réveillées en

sursaut vers minuit par de profonds et étranges mugissements que poussait la terre. On eût dit la grande voix de l'ouragan, mêlée et confondue avec le bruit des vagues en fureur se brisant contre les falaises. Ces mugissements, qui durèrent deux heures et demie jetèrent dans une grande terreur les habitants domiciliés près du volcan. Une forte exhalaison de soufre, se répandant dans l'air, l'altéra au point de déterminer la suffocation de plusieurs personnes affaiblies par la maladie. La montagne s'enveloppa soudain d'un épais nuage noir. Poussé par le vent, ce nuage s'avança, semblable à un immense pavillon funèbre, sur le Matouba et les Vieux-Habitants, couvrit ces deux communes de ténèbres profondes et s'étendit à perte de vue sur la mer, qui devint livide. Il était formé d'une cendre grisâtre, rude au toucher, laquelle, tombant en pluie, se répandit sur la terre et les végétaux, comme eût fait la neige.

La Rivière-Noire, qui a sa source près du volcan, charria de la boue exhalant une forte odeur d'hydrogène sulfuré.

Trois jours entiers, la Soufrière, l'Echelle et le Nez-Cassé, qui sont en quelque sorte ses satellites, restèrent entourés de vapeurs fuligineuses. Il sortait du cratère une telle quantité de fumée que le soleil pâlissait. On le voyait comme au travers d'un verre fumé.

N'apercevant plus la montagne puisqu'elle était cachée par des tourbillons noirs, les habitants crurent qu'elle s'était abîmée pendant l'éruption. Lorsque ce rideau se fut déchiré et qu'elle réapparut, sa configuration n'était pas la même qu'auparavant.

Les deux mornes posés comme une double bosse de chameau sur son dos puissant, s'étaient affaissés. Le Piton, dont parle le P. Labat, et dont Hapel-Lachenaie évalue la hauteur à cinquante pieds environ, et la circonférence, prise à sa base, à trois cent soixante, jonchait de ses débris les flancs déchirés de la montagne. A sa place s'étendait le plateau que nous traversions; il forme terrasse et mène par une pente assez facile au cratère. Le terrain en certains endroits s'était abaissé de trente à quarante mètres.

Les effets de l'éruption ne se produisirent pas seulement à la Soufrière. Les sources de la rivière des Galions, formées de sept jets d'eau chaude qui s'élancent du pied de l'Echelle dans la partie la plus rapprochée du volcan au sud-est, étaient profondément modifiées. La principale, qui d'ordinaire sourdait de la grosseur d'un homme, et deux autres d'un volume presque aussi fort, étaient taries.

Pendant plus de six mois, le volcan poussa de temps à autre des grondements et lança des cendres qui s'éparpillèrent un jour sur les hauteurs de la Capesterre.

LA GUADELOUPE. — LA SOUFRIÈRE. (P. 41.)

Le 22 avril 1798, une nouvelle éruption eut lieu à deux heures de l'après-midi. Elle s'annonça par une détonation d'une durée de deux minutes, qu'on ne peut mieux comparer qu'à celle produite par l'explosion d'un caisson de poudre. La montagne se déchira du côté nord-ouest, et le volcan, comme s'il eût voulu lapider le ciel, lança une énorme quantité de pierres avec une telle violence, que les cimes situées sur leur trajectoire furent emportées et devinrent plateaux. Les plus gros arbres furent tronqués. Le Nez-Cassé, camard depuis ce jour-là, fut dépouillé de sa végétation et comme labouré.

La quantité de pierres était si considérable qu'elle combla la profonde ravine où prend sa source, au pied de la Soufrière, la rivière Noire qui cessa de couler durant trois jours.

La Soufrière resta paisible jusqu'à décembre 1836, époque à laquelle elle jeta de nouveau des cendres.

M. Boninais me donnait ces intéressants détails. Pendant qu'il parlait et que j'écoutai, nous étions entrés dans la région des nuages. Nous escaladons les dernières rampes du Piton; — il n'a pas moins de 1,484 mètres d'altitude ! — et nous posons enfin le pied sur notre conquête. Le vaste cratère s'ouvre devant nous. Des gerçures transversales, aperçues au fond, s'élèvent des fumerolles qui répandent dans l'air une forte odeur de soufre.

Nous passons sur un arceau naturel, espéce de pont de Mahomet, fragile, étroit et raboteux, jeté sur une large gerçure. M. Boninais me conduit à la Porte d'enfer, formée par deux gigantesques blocs, tapissés d'algues, penchés l'un vers l'autre et unissant leurs cimes.

Je m'avançai vers la Porte d'enfer, afin de sonder l'horreur et le mystère de la caverne, où elle donne accès, ainsi que je le supposais. Malheureusement les décombres ont fermé cette ouverture. Je fus contraint, à mon très grand regret, de revenir sur mes pas.

— Peysonnel est le premier qui ait pénétré dans ces grottes, me dit pour me consoler M. Boninais. Il visita la Soufrière au siècle dernier. Après lui d'autres savants, désireux comme vous de connaître *causas rerum*, explorèrent ces spelonques, dont l'entrée, alors sur le côté nord-ouest de la montagne, était si basse qu'on ne s'y glissait qu'en rampant sur le sol humide. Après avoir fait environ vingt pas dans l'obscurité, sur une pente rapide, on retrouvait dans une salle souterraine avec une fraîcheur fort agréable la lumière pénétrant par une crevasse.

A cette galerie en succédait une seconde à température chaude. En avançant toujours on arrivait à une troisième. Là, l'explorateur respirait avec difficulté, car la chaleur devenait insupportable. La sueur l'inondait. Son flambeau était près de s'éteindre.

Dans cette crypte étouffante, un chimiste distingué, le père du docteur l'Herminier de la Pointe-à-Pitre, serait mort asphyxié, au mois d'août 1808, si ses compagnons ne lui avaient porté de prompts secours. A gauche s'enfonçait une autre galerie. Le touriste, assez hardi pour s'y aventurer, voyait avec étonnement sa torche se rallumer, et une douce fraîcheur l'environner. A mesure qu'il descendait, le froid devenait plus vif. Personne n'est allé jusqu'au bout de ce couloir ténébreux.

En 1777, les membres d'une commission, chargée de fournir un rapport sur le volcan, voulant franchir la limite où commence le froid extrême et à laquelle s'était arrêté Peysonnel lui-même, rebroussèrent chemin avec précipitation, effrayés par des bruits mystérieux qui retentissaient dans les profondeurs.

En 1791, une partie de la voûte s'étant écroulée, l'entrée de la caverne fut déplacée. On ne pouvait y pénétrer que par la fissure donnant passage à la lumière dans la deuxième salle.

Aujourd'hui, vous le constatez, il est matériellement impossible de visiter la caverne. Les éboulements produits lors du tremblement de terre du 8 février 1843, en ont bouché l'entrée.

— C'est bien dommage! Nous serions allés jusqu'au fond...

Lorsque j'eus examiné tous les détails de ce singulier chaos, mon compagnon m'invita à faire demi-tour pour passer en revue le panorama.

Un cri d'admiration partit de ma poitrine. Quelle vue enchanteresse du sommet de la Soufrière! C'est à la fois le paysage le plus varié, le plus riche et le plus étendu. Ce ravissant spectacle contraste agréablement avec celui de la terre convulsionnée que l'on foule. Au-dessous des forêts, les savanes se déploient. Une mer onduleuse de cannes à sucre succède aux cafiers. Les mornes découvrent leurs pentes successives. La mer, étincelant au large, presse d'une ceinture azurée les contours sinueux du rivage.

Comme nous étions placés, nous nous trouvions à peu près au centre de la Guadeloupe, à 1,484 mètres d'altitude.

Le premier objet qui attira ma vue, était la blanche Basse-Terre, s'allongeant au sud, couchée dans son nid de feuillage comme une indolente créole dans un bosquet de palmiers. A gauche la cascade de Vauchelet éparpillait, à chaque bouffée de vent, ses eaux, comme une rosée de diamants se déroulait sur les gazons environnants. Au nord, la Grande-Terre semblable à une carte en relief, avec ses savanes où ondulent les cannes à sucre, ses mornes surmontés de moulins agitant leurs grandes ailes, la rivière Salée, le port de la Pointe-à-Pitre animé par les barques qui, toutes voiles dehors, rasent la surface de l'eau de leurs vergues comme des mouettes avec leurs ailes.

Si de ces riches campagnes on porte son regard sur la mer déroulant à perte de vue ses vagues d'un azur variable et tout irisé, on aperçoit à travers une atmosphère d'opale, la Désirade, Marie-Galante, les Saintes, la Dominique, et, tout aux extrémités de ce vaste horizon, la Martinique, Montserrat, Antigue, Nevin et Saint-Christophe, perdues dans la brume indécise.

Détachant mon regard de ces îles, je le reportai sur la Grande-Terre, comme Moïse, du haut du mont Nébo, sur la fertile Chanaan. Plus favorisé, je ne me voyais pas refuser l'entrée de cette terre promise. Il ne me restait à traverser que le Jourdain, c'est-à-dire la rivière Salée.

Pendant que j'étais occupé à considérer ces merveilles, le décor changeait. Des nuages noirs s'amassaient au-dessus de nos têtes, obscurcissant le ciel. Une première rafale, messagère de l'orage qui planait, passa sur le grand Piton. Je me tournai vers M. Boninais pour lui communiquer mes appréhensions : elles n'avaient que trop de raison d'être.

— Oui, oui, je vois bien. Je vous réponds que nous allons être saucés. Descendons vite...

De larges gouttes de pluie tombaient déjà. Nous n'avions aucun abri. Nous nous laissâmes glisser à la *ramasse* sur les pentes de la Soufrière. Ce chemin que nous avions mis une heure à parcourir en montant, nous le descendîmes en dix minutes. Il est vrai que nos pantalons n'avaient plus de fond. On devine avec quel plaisir nous nous remîmes sur pied pour nous enfoncer dans la forêt. Son tapis nous parut moelleux, après notre descente trébuchante à travers les rochers, les arbres renversés et les terres éboulées. La pluie avait cessé. Mais nous n'avions pas sur nous un fil de sec. Nous retrouvâmes à couvert sous le feuillage nos chevaux qui paissaient sans avoir l'air de se douter qu'ils foulaient un volcan. Heureuses bêtes !

Avant de se plonger dans l'océan, le soleil brillait, étincelait. Ses derniers rayons tombaient obliquement sur les branches dont le feuillage paraissait d'or.

La brise du soir agitait mollement les franges vertes des bananiers et les branches de l'éventail circulaire des palmiers qui rendaient un bruit semblable à celui des rames d'un canot qui vogue.

Bientôt l'ombre victorieuse s'empara de l'espace. De

faibles bruits, susurres d'insectes, se firent seuls entendre. Les mouches de feu, ouvrant leurs ailes,
croisaient devant nos montures leurs zigzags variés
et semblaient nous faire fête. Enfin l'ombre trans-
parente qui indique le lever de la blanche reine des
nuits nous enveloppa. Ses gerbes argentaient les
pitons. Cependant l'astre était encore invisible pour
nous. Soudain, comme un disque lancé par un puissant athlète, il monta dans le ciel, colorant d'un
léger reflet d'argent mat l'herbe que foulaient nos
chevaux. Je m'abandonnai aux enchantements de la
nuit, et je fus sur le point de m'écrier, selon les rites,
comme un Indien : *Nonun! nonun!...*

IV

Navigation côtière. — Baillif. — L'Anse-à-la Barque. — Une marchande de gâteaux. — Baie de Deshaies. — Le Lamentin. — Débarquement de l'Olive et de Duplessis. — Mort de ce dernier. — L'Olive
fait la guerre aux Caraïbes. — Sainte-Rose. — Léonard-Poirié, Saint-
Aurel. — Le port de la Pointe-à-Pitre. — La famille Sénou.

Il y a, par semaine, deux départs de bateaux pour
la Pointe-à-Pitre, le mardi et le mercredi. Le passage
coûte treize francs à l'arrière, dix francs cinquante à
l'avant.

Deux jours après l'ascension de la Soufrière, à neuf
heures du matin, je fis porter par Chinatemby mes

bagages à l'appontement, situé vis-à-vis de l'hôtel Célanire, et je me rendis à bord.

Fendant de sa proue aiguë les flots qui écumaient sous les bossoirs, le bateau suivait le rivage de cap en cap.

Ce mode de transport n'est pas le plus rapide, mais le plus agréable; il offre l'avantage de permettre de visiter un grand nombre de bourgs de la côte sous le vent.

Sur les dix heures nous étions en vue de Baillif, commune de 1,957 habitants. La plage unie est caressée par des flots toujours calmes.

Un peu avant midi, se montra l'embouchure de la rivière Duplessis qui sépare la commune de Baillif de celle des Vieux-Habitants.

Le bateau franchit en une heure et demie les quinze kilomètres qui séparent la Basse-Terre de l'Anse-à-la-Barque. Cette baie, en forme de fer à cheval, est bordée de deux collines escarpées au sud et au nord et d'une plage unie à l'est. Les navires mouillent à toucher la terre, sur un fond de sable. C'est un site charmant, mais peu habité. Une petite rivière, dont j'ai si mal écrit le nom sur mon album qu'il est impossible de le déchiffrer, traverse la vallée en y formant des marécages. Avec quelques travaux ces causes d'insalubrité disparaîtraient. Le bien-être et la vie peupleraient cette solitude, habitée par la misère et la maladie.

L'Anse-à-la-Barque fait partie de la commune des Vieux-Habitants, dont la population est de 2,752 âmes.

Nous longions la partie cultivée de la Basse-Terre. Elle enchante par la beauté et la variété des plantations; ces verdoyants rivages couverts de cannes à sucre, bordés de mornes étayés, offrant selon l'exposition de leurs pentes, des rouanyers, des cafiers, des bouquets d'orangers, de citronniers, de cacaotiers, enfin les sommets du Caillon, couronnés de sombres forêts, qui ensemble forment un fait l'admiration du voyageur.

Vers une heure, nous arrivâmes à la Pointe-Noire. Sèche et rocailleuse, elle émerge des flots bleus comme une perle de couleur foncée entourée de clairs saphirs. Un bourg de ce nom s'élève sur le littoral, c'est le chef-lieu du 3ᵉ canton que forme cette commune de 3,660 habitants avec celle de Bouillante et de Deshaies. Je le voyais dans un jour si favorable, que je comptais ses maisons et ses cases qui paraissent comme des jouets d'enfants sur la plage, littéralement pavée de galets.

La Pointe-Noire est port d'escale pour le bateau. Le juge de paix qui revenait de la capitale de la colonie, m'engagea à descendre à terre. En entrant dans le bourg nous croisâmes une *cabresse*. Légère et court

vêtue, elle allait à grands pas, comme Pérette, portant
dans une corbeille, en équilibre sur sa tête, une pile
branlante de ces cassaves que les Brésiliennes, amenées par les Portugais, faisaient minces, sèches et
légères, contrairement aux femmes caraïbes, accoutu-
mées à les fabriquer épaisses et lourdes. La cabresse
comptait vendre sa marchandise aux passagers.

A peine a-t-on doublé la Pointe-Noire qu'on découvre, à vingt-huit kilomètres de la Basse-Terre, la baie
de Deshaies, plus grande que l'Anse-à-la-Barque.

Si l'on veut embrasser d'un coup d'œil le golfe
creusé en demi-cercle, il faut se placer, comme je
l'étais, sur le pont, lorsque le bateau s'arrête devant
les Vieux-Habitants et Bouillante pour prendre les
passagers qui se présentent là.

A droite, on a la pointe de Deshaies; à gauche, le
Gros-Morne, par 16° 20' 18" de latitude nord et 64°
10' 41" de longitude ouest. Entre ces deux caps, dans
l'enfoncement, la bourgade est bâtie sur la rive droite
d'une petite rivière. Les montagnes du Caillou, vertes
de forêts, forment l'arrière plan.

La baie offre un sûr mouillage aux grands navires,
même aux vaisseaux de guerre. Ils peuvent y jeter
l'ancre tout près de terre, dans une eau profonde,
tranquille, comme un lac, à moins que les vents du
sud-ouest ne se fassent sentir, ce qui arrive rarement.

Lorsque, passant devant Deshaies, le bateau se trouve, entre les deux mornes qui limitent la baie, couverts d'arbustes dont les eaux limpides et unies comme un miroir réfléchissent la verdure ; quand on a en face cette fraîche vallée, s'élevant en pente douce jusqu'au pied des montagnes, cette rivière aux eaux argentées qui, serpentant au milieu du paysage, l'anime et l'égaie, la beauté de ce site désert cause un doux ravissement. La forêt qui paraît vierge, le silence dont le voyageur est enveloppé, lui font croire qu'il va mettre le pied sur une terre à découvrir. L'imagination devance les temps et pénètre l'avenir. Il voit l'homme s'emparer de ce coin de terre inconnu. Les grands arbres tombent sous la cognée et font place à de productives plantations.

Il approche, il découvre le bourg. L'illusion et le rêve s'enfuient à cet aspect misérable.

Il se rappelle que les Européens se sont établis à Deshaies depuis plus de deux siècles, et il a la certitude que ce lieu est resté à peu près ce qu'il était avant la prise de possession de l'Olive et de Duplessis.

Le P. Labat, cherchant à expliquer la rareté des habitants et la misère de la commune, attribuait les droits de suzeraineté que les anciens seigneurs-propriétaires continuèrent d'exercer après la vente de l'île. Cette cause n'est pas la vraie. Voilà bientôt deux siècles que ces droits ont disparu, Deshaies reste ce qu'elle était au temps du Père...

Les bras manquent pour exploiter les forêts de bois de construction sans rivaux pour la solidité et la durée. Les habitants, au nombre de huit cent soixante-onze tout au plus, se contentent d'en tirer des poteaux pour maison et quelques hectolitres de charbon, qu'ils vendent à la Pointe-à-Pitre et à la Basse-Terre.

La raison du délaissement de Deshaies est l'insalubrité de cette commune en proie à des exhalaisons mortelles. Les étangs, les marais, faute de canaux, ne déversent pas leurs eaux malsaines dans la mer.

Les premiers établissements se font toujours sur les côtes. Après quelques semaines de séjour, les colons, pris par la fièvre, désertent, ou s'ils restent, dévorés par la contagion et la misère, languissent dans un état maladif jusqu'à une mort prématurée.

Le sort de ces malheureux fait pitié et décourage ceux qui auraient la velléité de s'établir auprès d'eux. Nul ne vient remplacer les morts. Le bourg sans habitants reste triste et en deuil sur la route, pareil à un mendiant qui pleure et demande l'aumône.

Tandis que je faisais ces réflexions, le petit vapeur continuait sa marche vers le Lamentin, chef-lieu du 6ᵉ canton ; c'est l'une des communes les plus peuplées de la Guadeloupe (4,434 habitants). On y remarque les eaux salines faibles de la Ravine-Chaude, et le canal entrepris et terminé en 1766, par le comte de Nolivos, pour amener l'eau aux moulins du quartier mis en mouvement jusqu'alors par des bœufs et des mulets.

Le bateau doubla la Pointe-Allègre. Nous perdîmes de vue le Lamentin.

C'est sur ce promontoire, un des quartiers les plus ingrats et les moins salubres, que les gens de l'expédition conduite par l'Olive et Duplessis, prirent terre le 27 juin 1635.

Le P. Pélican célébra, en action de grâce, le sacrifice de la messe sur un autel de pierre revêtu de gazon. Les chants religieux des chrétiens retentirent pour la première fois, sous les vertes arcades de ces forêts vierges, qui jusqu'alors n'avaient entendu que les *arcytos des Sambos* et les invocations à *Kouroumon* des *butios* indiens.

L'imprévoyance avait présidé à l'expédition. Elle n'avait d'approvisionnements que pour deux mois, et de si mauvaise qualité qu'ils ne se conservèrent point.

On rationna tout le monde. Les provisions diminuaient sans qu'on eût la possibilité de les remplacer. La distribution quotidienne fut réduite d'une livre de pâte à cinq onces. Encore cette nourriture insuffisante n'était-elle obtenue que par six heures de travail. Les

affamés firent main-basse sur les tortues de la plage.
La chair de ces chéloniens, à laquelle leurs estomacs
n'étaient point habitués, leur donna la dyssenterie.
Défense fut faite d'en manger. Plusieurs engagés prirent alors le parti d'aller vivre avec les indigènes, qui
leur firent bon accueil, partageant avec eux leurs *toubanas* et leurs *ajes*. Duplessis, dont le caractère inspi-
rait confiance, parlait de l'arrivée prochaine d'un
navire de la Compagnie, chargé de ce qui manquait.
Les yeux attachés sur l'horizon pour découvrir la
voile de salut, les colons prenaient patience. Un jour,
un même cri d'espoir et de joie sortit de toutes les
poitrines. Le navire annoncé si souvent, attendu avec
tant d'impatience, était signalé. Il arrive, jette l'ancre
et débarque cent quarante engagés, — des bouches
de plus au lieu de provisions. Non-seulement ce
navire n'apportait rien aux premiers colons, mais il
n'y avait à bord qu'un mois de vivres pour les nouveaux débarqués. Un découragement mortel s'empara
de tous. L'Olive épuisa ses plantations de Saint-Christophe pour subvenir aux besoins de ses compagnons.
Qu'était-ce pour sept cents colons? Un déjeuner!
Souvent les indigènes, avec qui il vivait en parfaite
harmonie, venaient visiter Duplessis tenu par eux en
haute estime. Ils apportaient des bananes, des ajes,
des tortues, des cochons, des mabougas, des lamin-

tins, — une bouchée pour la colonie affamée... A bout
de ressources, l'Olive, homme de violence, s'arrêta à
la pensée de faire la guerre aux Caraïbes, afin d'avoir
l'occasion d'enlever leurs récoltes.

Il y a longtemps que les nations procèdent ainsi à
l'égard les unes des autres. La plus forte rançonne
la plus faible pour augmenter son bien-être.

L'Olive communiqua son dessein à Duplessis qui le
repoussa avec horreur. Il se tourna alors d'un autre
côté. D'Enambru, par son ancienneté, avait une sorte
de prépondérance sur les autres gouverneurs, qui
pensaient couvrir aux yeux de la compagnie leurs
actes coupables par la sanction de son nom et de son
autorité. L'Olive s'embarque et va le trouver.

Si d'Enambru avait eu intérêt à exterminer les
Caraïbes de Saint-Christophe, il n'en avait aucun à
faire la guerre à ceux de Karukéra. Il désapprouva
son ancien lieutenant, le menaçant d'écrire au roi s'il
persistait dans une résolution contraire à la volonté
du monarque.

Pendant l'absence de l'Olive, Mme Duplessis était
tombée dangereusement malade. Très-affecté de cette
contrariété et de ses déceptions, son mari ne put sup-
porter la crainte de perdre une compagne si dévouée.
Il tomba malade, et, quatre mois et vingt-huit jours
après son arrivée, le 4 novembre 1635, il n'était plus

de ce monde. Débarrassé de l'opposition de son collègue, ne tenant aucun compte des avertissements de d'Enambru, l'Olive chercha un prétexte pour commencer les hostilités.

Celui qui se présenta était bien frivole.

Les insulaires des Indes Occidentales, d'après le témoignage du P. de la Borde, étaient doux, paisibles, hospitaliers, très-sincères, sans larcin, sans fraude. Ils n'avaient pas encore appris des Européens à s'emparer du bien d'autrui par force ou par ruse. Comme ils possédaient tout en commun, le vol était inconnu chez eux. Les colons leur enseignèrent le troc, montrant combien il était commode de donner un objet, dont on n'a pas besoin, pour un autre qui nous est utile.

Or, un jour, des compagnons de l'Olive allant à la pêche laissèrent un hamac sur le rivage. Des Indiens, passant peu après, trouvèrent cet objet, le prirent et mirent à la place un porc garrotté et des fruits de valeur équivalente ou supérieure. Sur cet acte qui ne pouvait être considéré que comme échange, l'Olive fonda sa déclaration de guerre. Avant d'entrer en campagne, il désirait avoir tout son monde auprès de lui et connaître la force et la position des villages qu'il comptait attaquer. Fontaine, l'un de ses lieutenants, parti sur une chaloupe montée par quinze hommes,

avait mission de faire le tour de l'île, d'étudier la situation de chaque *authe* et de ramener les colons réfugiés. A l'endroit occupé depuis par le Vieux-Fort
l'Olive s'étendait alors un *authe* important. Les habitants apprirent à l'émissaire du chef de la colonie,
que, peu de jours avant son arrivée, des Anglais, venus
en barque, étaient descendus à terre sous prétexte de
chasser, et leur avaient proposé de conclure un traité
d'alliance, ce qu'ils avaient refusé, eu égard à la défense de leur bon ami l'Olive. Fontaine se mit aussitôt
à la poursuite des Anglais, les rejoint, s'empare de
leur embarcation et retourne à l'établissement. L'O-
live, trouvant de nouveaux griefs dans la réception
faite aux Anglais par les Indigènes et dans leurs
pourparlers au sujet d'un traité, se disposa à entrer
en campagne. Pendant ses derniers préparatifs, les
Caraïbes pressentirent sa détermination. Les guerriers du Vieux-Fort se doutèrent que les *balanaélés*
allaient marcher contre eux. Ils envoyèrent en hâte
leurs femmes et leurs enfants à la Capesterre. Eux-
mêmes, après avoir arraché leurs vivres, brûlé le
karbet, leurs *toubanas*, s'embarquèrent sur leurs piro-
gues pour les rejoindre par mer.

A ce moment l'Olive survint.

Cinq Caraïbes, restés en arrière, poussaient leur
canoa à l'eau. C'étaient le Kacik, désigné par les

colons, sous le nom de *capitaine Yance*, ses deux fils
ct deux jeunes guerriers. Du plus loin qu'ils aperçu-
rent l'Olive courant sur eux avec sa troupe, l'épée
nue à la main, ils cherchèrent à l'apaiser du geste et
de la voix. Remettant son arme au fourreau, l'Olive
les rassure. Ils approchent avec confiance.

— Comment, dit le chef français, tu fais alliance
avec les Anglais. Tu sèmes la dévastation autour de
mon établissement. Ta tribu et toi, conspirez contre
moi et les miens.

Yance, indigné, repousse ces accusations. La pro-
testation du vieux Kacik, semble dissiper la colère
feinte de l'Olive.

— Eh bien! reprend celui-ci, envoie un de tes fils
rassurer les femmes de la tribu et leur dire de revenir...

Le jeune guerrier part.

Au lieu de rassurer les femmes, il augmente leur
épouvante par son récit et les conduit à la Capesterre
par les sentiers les plus déserts. Après plusieurs
heures d'attente, l'Olive ne le voyant pas revenir, fait
entrer dans sa chaloupe, son père, son frère et les
deux autres Caraïbes. Les reproches, les récrimina-
tions recommencent. L'irritation est à son comble de
part et d'autre. Dans la discussion, le fils du vieillard
reçoit un coup de couteau et on le jette par-dessus
bord. Aux plaintes du malheureux père, qui ne peut

lui porter secours, les flibustiers répondent par des coups de couteau. Ils le lancent également dans les flots plus qu'à demi-mort. L'instinct de conservation donne des forces à cet infortuné. Il nage autour de la chaloupe, teignant les flots de son sang, implorant la pitié de ceux qui l'appellent *sauvage*. On l'achève à coups de rames.

L'Olive, dont l'intention était de gagner la Capesterre par mer, change de plan et débarque pour s'y rendre en traversant la montagne, sous la conduite des Caraïbes épargnés. L'un d'eux, appelé Martinet, en passant au bord d'une falaise, se précipite et tombe sur ses pieds aux yeux des colons étonnés et fuit plus rapide qu'un racoune. En moins d'une heure, il fait cinq lieues, arrive à la Capesterre, rencontre un colon réfugié, à qui il crie :

— Jacques, les *balanaélés*, vos frères, sont furieux ; ils égorgent mes frères, les Indiens.

Puis il court au *Karbet*, où se réunissent les guerriers de la tribu hospitalière, fait le récit des scènes d'horreur dont il a été témoin.

Pendant ce temps, l'Olive et sa troupe, guidés par les Caraïbes restés à leur discrétion, continuaient leur route à travers bois.

Une marche si longue, si pénible, était au-dessus des forces des Européens. Harassés, surpris par la nuit, ils s'arrêtèrent près d'une rivière et se couchèrent autour d'un acajou, au tronc duquel ils avaient attaché leur guide par surcroît de précaution.

Bientôt toute la troupe dort d'un profond sommeil. Le malheureux indigène, lui, veille. A la pointe du jour le colon le premier réveillé le chercha du regard. Brisant ses liens, comme l'Hercule biblique, le captif avait disparu, *ceu fumus in auras*... Force fut à l'Olive, qui ignorait les sentiers inextricables conduisant à la Capesterre, de revenir à Sainte-Rose, ce qu'il fit en saccageant tous les *authes* sur son passage.

Un des premiers actes politiques d'Hugues, commissaire de la Convention, fut de débaptiser les localités portant des noms de saints, en rappelant des souvenirs monarchiques. Il appela Sainte-Rose, *Tricolon*. Le bateau fit sa seconde et dernière escale dans ce port, le septième de la colonie.

MM. Jules et Edouard Elisée, négociants à Port-de-Paix et à Port-au-Prince, dans la République d'Haïti, m'avaient donné pour leur père, ancien maire de la commune, une lettre de recommandation. Je descendis à terre pour la lui porter. Un jeune nègre que je rencontrai sur la grève et à qui je demandai de m'indiquer sa demeure, me dit qu'il était parti depuis quelques jours pour la Pointe-à-Pitre.

Aussi, après avoir jeté un coup d'œil sur l'hospice

civil, sur la mairie, où se trouve la justice de paix, car, ainsi que me le fit remarquer le secrétaire-municipal, Sainte-Rose est à la fois le chef-lieu d'une commune de 4,796 habitants et du 8ᵉ canton, je retournai au bateau sans aller voir la Ravine-Chaude et Sofaïa. Dix minutes suffirent pour visiter le bourg qui nomme avec fierté au passant qui s'enquiert de ses célébrités, Nicolas-Germain-Léonard et Poirié Saint-Aurel. Celui-ci, poète élégiaque, florissait en 1826, et fut décoré par Louis-Philippe. Le premier plus connu, bien que son nom demeure aussi dans le demi-jour d'une réputation incertaine, n'en fut pas moins le plus estimable représentant en France, de la poésie pastorale à la fin du dernier siècle.

A ces illustrations locales, il faut ajouter Gobert, le fondateur des prix académiques, pour l'histoire de France, le peintre Lethière, l'auteur de *Pluton, condamnant ses fils à mort* et de la *Mort de Virginie*, Privat d'Anglemont et Armand Barbès.

Trois heures sonnaient à l'horloge de l'église de Sainte-Rose, quand je remontai à bord. Le petit vapeur reprit le large. Au bout d'un quart d'heure, les îlots qu'on trouve en quantité dans le bras de mer que nous suivions et dont j'apercevais vaguement le groupe, à fleur d'eau, se montrèrent dans l'ordre suivant : l'Ilot-à-Maçon, l'Ilot-à-Fajou, l'Ilot-à-Christophe, l'Ilot-à-Cosson, l'Ilot-à-Chasse, l'Ilot-à-Auger, l'Ilot-à-Monroux. Le premier est à trois kilomètres de la Pointe-à-Pitre et le dernier à dix-sept cents mètres seulement. Ils semblent placés là pour la sûreté du port et pour servir de but de promenade.

Après avoir dépassé l'Ilot-à-Fajou, nous entrâmes dans la passe des navires, ayant à droite l'Ilot-à-Cochons, le plus grand de cet archipel miniature. Sur cet îlot on me fit remarquer les ruines d'un hôpital élevé en 1810, par le gouverneur anglais Cochrane.

Le bateau rasa l'Ilot-à-Pitre, ainsi appelé d'un colon belge, venu du Brésil à la Guadeloupe. Les historiens accordent à cet homme l'honneur d'avoir nommé la ville. Nous longeâmes à l'entrée de la rade l'Ilot-à-Monroux. Il porte un feu élevé de seize mètres au-dessus du niveau de la mer. On l'aperçoit à sept milles au large.

Nous glissions doucement sur les flots. Couché sur le pont, je ne sentais pas le bateau marcher. La Pointe-à-Pitre venait au-devant de nous.

Beau coup d'œil, à cette heure du jour, que celui de son port où tout était paisible, simulant au lieu dit Petit-cul-de-sac, l'angle d'un Y, dont la rivière Salée forme la queue, dessiné à l'est et au nord par la Grande-Terre, à l'ouest par la Guadeloupe, barré au sud par les îlots nommés plus haut.

LA RADE DE LA POINTE-A-PITRE. (P. 63.)

De l'entrée de ce bassin on distingue à gauche, sur le rivage, le fort Saint-Louis, campé sur un morne, extumescence d'une langue de terre qui va s'élargissant entre la Grande-Baie à l'est et le Carénage à l'ouest, jusqu'à ce qu'elle se bifurque en deux pointes, la Pointe-à-Fargeau à l'orient, la Pointe-à-Pitre à l'occident. Sur la plage basse marécageuse et coupée de canaux, par la Ravine-du-Mancenilier et la Ravine-des-Coudes se dégorgent les eaux d'orages; puis, dominant tout cela, se dresse la Soufrière dont, pendant la navigation, je n'avais pas perdu de vue les robustes flancs.

Le vapeur s'arrêta, tremblant de la secousse, au long des quais construits de 1817 à 1822.

A peine avais-je mis pied à terre qu'un homme d'un certain âge vint à moi et me demanda :

— Vous êtes bien M. Edgard La Selve?...

A cette question, je devinai que j'avais à faire à M. Ernest Zénon. Les frères Elizée m'avaient donné pour cet ancien adjoint au maire de la Pointe-à-Pitre, leur oncle, une lettre d'introduction que je lui avais envoyée de la Basse-Terre par la poste.

Cet excellent homme tenait à faire honneur à cette lettre de change, tirée sur sa courtoisie. Il se mit à ma disposition pour me servir de cicerone et me garda à diner. Je passai la soirée la plus agréable dans sa famille, composée d'une douzaine de demoiselles et de jeunes gens qui formaient la plus ravissante couronne autour de la grande table de la salle à manger. Madame Zénon, aussi fière que la Niobé antique et moins éprouvée heureusement, faisait les honneurs avec le charme incomparable des maîtresses de maison créoles.

V

M. Zénon vint le lendemain me réveiller à l'hôtel des Bains pour me faire visiter la ville en détail, ainsi qu'il me l'avait promis. En passant devant la place du Marché, située à peu près au centre, je m'arrêtai pour considérer les types de cette population fourmillante au teint africain et aux sangs mêlés, race hybride dont il est curieux d'étudier les allures. Les nègres et les coolies viennent des campagnes pour vendre aux citadins le produit de leurs cultures. Le chinois est la personification de l'activité et de l'aisance. Capitaines au long cours, matelots anglais, français, américains, espagnols, entament avec les revendeuses des colloques pittoresques. Souvent les entretiens entre négresses ont une mimique qui nécessite l'intervention du *garde de police.*

LA POINTE-A-PITRE. — LA PLACE DE LA VICTOIRE. (P. 65.)

Nous allâmes ensuite à la Poissonnerie. Justement la marée arrivait. L'air retentit aussitôt de clameurs inouïes partout ailleurs que sur les quais de la Pointe-à-Pitre. Retourner à la case avec une passoire vide est une humiliation à laquelle ne se soumet pas facilement une cuisinière zélée, résolue à vaincre ou à mourir. Aussi quand le poisson est rare, rien n'est sacré, ni l'âge ni le sexe. Les instruments de cuisine se transforment en armes meurtrières...

Nous n'avions qu'un pas à faire pour gagner la place de la Victoire.

Cette place, dit M. Zénon, est un des plus beaux ornements de notre ville. S'étendant au bord de la mer, près d'une des rades les plus pittoresques du monde, elle offre, au lever du soleil, le plus charmant coup d'œil. Par malheur, elle est adoptée pour l'essai des chevaux mis en vente. Le matin, quelques voitures attelées de carossiers fougueux, toujours indomptés, donnent aux sportmen une distraction, pour eux pleine de charmes, mais qui interdit aux dames la promenade sous les arbres. Sur cette même place s'élève le théâtre, achevé en 1861, certainement un des édifices remarquables, je ne dirai pas de la ville, mais de la colonie.

M. Zénon me fit remarquer les casernes, dont la façade, précédée d'une grille en fer, s'allonge en bor-

dure. Elles datent de 1822 et portent le nom de quartier
d'Angoulême. On les a construites sur l'emplacement
de l'ancien hôpital, augmenté de dix hectares détachés
de l'habitation Recoing-Delisle. On découvrit dans les
archives des pièces établissant que le propriétaire
était débiteur des religieux de la Charité pour la
somme de 10,810 fr. 80 c. Le préfet colonial les paya
en donnant quittance de cette somme.

Après les casernes, les prisons. Ensuite nous prîmes
la rue de la Banque. Cet établissement financier,
effectue sur les places de la Guadeloupe, dans les
limites fixées par ses statuts, toutes opérations d'es-
compte, d'avances sur cession de récoltes, sur matières
d'or et d'argent et de change sur la France et les
autres colonies. Son privilége, comme ceux de toutes
les banques coloniales, a été prorogé pour vingt années par la loi des 21-29 mai 1874, laquelle a révisé
les statuts de ces établissements; son agent principal
réside à Paris.

Sur la place Gourbeyre on trouve le Palais de Justice, un buste de l'amiral, monument élevé, par la
reconnaissance publique, à l'homme dont le dévouement rendit de si grands services lors de la catas-
trophe de 1843, la gendarmerie et l'église, seule cons
truction qui mérite la qualification de monument.

Le dimanche des groupes de dames, de jeunes filles,

se rendant aux offices, traversent cette place et l'animent. L'église est à peu près au milieu de la ville. Nous avions à gauche Fleur-d'Epée, position dominante, à droite Baimbridge, formant les extrémités du demi-cercle tracé par le morne à Caillé, le morne Mey et d'autres éminences de terrains.

Dans l'après-midi, j'allai aux bureaux de l'*Echo*. Je trouvai le rédacteur en conférence avec un menuisier, reporter par accident, qui faisait le récit d'un vol dont il avait été victime.

— En ouvrant ma boutique ce matin, disait notre homme, je me suis aperçu qu'on avait emporté quantité de meubles; d'autres étaient disposés de façon à être facilement enlevés. Je ne fais ni une, ni deux. Je vais trouver M. Bunel, je lui expose le fait en quatre mots. Il y a, que je lui dis, un individu de la Dominique qui achète des meubles; voudriez-vous venir avec moi lui demander de laisser voir ses achats? Peut-être a-t-il acheté les objets pris chez moi.

Le commissaire s'empresse de se rendre à mon désir. Nous allons ensemble au domicile du dominicain.

— Vous avez un dépôt de meubles? demande M. Bunel. Je voudrais le voir.

— Volontiers, répond notre homme; mais il est à la Petite-Terre.

— Non, non; c'est ici, riposte le commissaire, et montrant une porte fermée; tenez, c'est là! Faites voir.

— Je n'ai pas la clef, répond le dominicain, mais je vais la chercher...

Après avoir attendu assez longtemps, le commissaire, ne voyant pas reparaître l'homme, fait enfoncer la porte en question, et nous entrons dans le capharnaüm le plus bizarre.

Il y avait de tout, vêtements usés, vêtements complétement neufs, chemises, cristaux, dames-jeannes de rhum, parfumerie, vaisselle, foulards, madras, parapluie, fers à repasser, ustensiles de cuisine, meubles de tous genres, lits, matelas, oreillers. Un véritable bazar! J'y ai vu du papier à lettre et un sabre...

Le directeur de cet entrepôt vient d'être arrêté, non sans avoir lutté contre les agents. Sa femme et un autre individu, présumé son associé, sont maintenant à la geôle.

—Oui, dit le rédacteur, en attendant qu'au tribunal, à la vue de la pièce à conviction dont vous parlez, il puisse s'écrier :

> Voici le sabre, le sabre, le sabre,
> Voici le sabre, le sabre, le sabre de mon père!

Merci, mon ami. Il paraît qu'avant-hier la police a fait une autre   pture très-importante, celle du chef de la bande des *embrasseurs*, qui couraient les rues tous les soirs.

— Mais oui, monsieur ; figurez-vous que ma femme a été embrassée dans la rue des Abîmes. Ces enragés ne respectent même pas les mères de famille.

Je passai l'après-midi au bureau de l'*Echo*. Vers cinq heures, je sortis avec le rédacteur. Il me fit remarquer la Chambre d'Agriculture, la Chambre de Commerce, l'Hospice civil et l'Hospice militaire qui a 120 lits, la crèche de Sainte-Anatilde. Cette institution, autorisée par un arrêté du 10 novembre 1860, est due à l'initiative de la commission du bureau de bienfaisance.

Aujourd'hui la Pointe-à-Pitre, entièrement restaurée, compte plusieurs belles rues. Les plus remarquables par la largeur, la régularité, sont les rues d'Arbaud et des Abîmes. Cette dernière traverse entièrement la ville, du nord au sud.

Il n'y a pas à la Pointe, à proprement parler, de quartier des affaires. Le commerce se porte indistinctement dans toutes les parties de la ville. Il n'y a pas non plus de quartier aristocratique.

Afin d'éviter le voisinage souvent gênant des boutiques de comestibles et surtout des débits de boissons, les appartements particuliers sont au premier étage. La plupart des maisons ont des balcons. De

cinq à neuf heures du soir, des femmes en vêtements
légers demandent à la rue un peu de l'air qu'elles ne
se décident que rarement à aller chercher sous les arbres des promenades.

En effet, elles sortent peu ou point ne faisant d'exception que pour les offices. Le dimanche matin,
l'étranger est agréablement surpris de voir les trot-
toirs effleurés, entre sept et huit heures, par l'élite
féminine, en toilettes exquises. Ce jour-là, on se lève
à cinq heures. Il est vrai qu'on s'est couché, la veille,
entre neuf et dix. Aucune soirée, aucun bal, aucun des
plaisirs de l'Européenne ne trouble le *far niente* des
indolentes créoles, qui ne tarde pas à dégénérer en
apathie morbide. Il en résulte que la ville garde un
aspect triste. Cependant, de cinq à sept, quantité
d'équipages, attelés de fringants chevaux américains,
parcourent les rues dans tous les sens et leur prêtent
une animation passagère.

Au commencement de l'occupation, l'absence de
routes développa bien vite, parmi les créoles, le goût
de l'équitation. Il s'est perpétué tout en s'amoindris-
sant. Aujourd'hui les chevaux de selle sont peu com-
muns. En revanche le nombre des voitures a fort
augmenté. Aussi, les jours de fête, est-on étonné du
nombre d'équipages, presque tous d'une certaine élégance, qui sillonnent d'une allure rapide le macadam.

La Pointe-à-Pitre n'a pas de promenade agréable : c'est sans doute une des raisons pour lesquelles les dames sortent peu. On rencontre, le soir, entre quatre et six, sur la route des Petites-Abîmes, des groupes de mères, d'enfants et de gardiennes, gagnant les pelouses de Darboussier, immense savane entièrement close, qui serait fréquentable sans les myriades de moustiques qui voltigent dans les allées. On devait y élever les magasins et les bâtiments de la Compagnie transatlantique, si la Pointe-à-Pitre eût été préférée à Fort-de-France, comme point d'attache.

De l'extrémité sud de la savane, on aperçoit, à petite distance, l'entrée de la rade, défendue par l'Ilot-à-Cosson. Sur cet amas de madrépores et de coraux, dont s'est emparée la végétation, deux batteries sont établies. Leurs tirs, se croisant avec celui de Fleur-d'Epée, défendent l'entrée de la rade, accessible aux vaisseaux de tous tonnages, ainsi que l'a victorieusement établi la présence des croiseurs américains, l'*Alabama*, le *Sumter*, le *San-Jacynto* et enfin le *Vanderbilt*, le plus grand bateau à vapeur, après le *Great-Eastern*.

Pour rentrer en ville, nous prîmes par les quais. Je remarquai la maison autrefois habitée par Dugommier, et celle où naquit le brave général Bouscarin. Dans la rue Dauphine, mon compagnon me signala un maga-

sin de médiocre apparence, théâtre, peu de mois auparavant, d'un assassinat, suivi d'incendie.

Une malle-poste et une diligence font tous les jours,
matin et soir, le service entre la Pointe-à-Pitre et le
Moule. La diligence de neuf places, y compris celle
du conducteur, part à trois heures de l'après-midi. Elle
arrive à destination, à six heures du soir, faisant le
transport des voyageurs et de la correspondance. La
malle-poste, voiture légère à deux ou quatre places,
presque exclusivement pour la correspondance, part à
six heures quarante-cinq minutes du matin et arrive
à dix heures au Moule.

L'espace métrique réservé pour les bagages est de
trois quarts de mètre cube. Le poids maximum du
véhicule chargé ne doit pas excéder 1,800 kilogrammes. Au-dessus de 8 kilogrammes, poids accordé à
chaque voyageur, on paie 25 centimes d'augmentation
par chaque kilogramme en plus.

Ces véhicules font aussi le transport des menus
objets, au prix de 1 franc par colis dont le poids n'ex-
cède pas 4 kilogrammes.

En rentrant, je dis au propriétaire de l'hôtel que je
laisserai mes gros bagages à sa garde, pendant mes
excursions dans la Grande-Terre et je chargeai Monchador, le garçon, d'aller arrêter une place à la voiture.

Exact comme un réveille-matin, Monchador frappa

à ma porte, à six heures précises. Une fois habillé, j'avalai une tasse de café brûlant; Monchador porta mon sac de nuit à la voiture. Je pris possession de ma place. Le postillon fit claquer son fouet. Le véhicule roula dans la rue des Abîmes.

Le feu s'était déclaré, quelques instants avant notre passage, dans une case du bourg de ce nom.

— Eh! père Lengrès, dit le postillon, s'adressant à un homme qui passait sur la route, à qui donc la maison qui vient de brûler?

— Ah! ne m'en parlez pas; c'est la maison de Mme K. Maure, veuve depuis six mois à peine avec quatre enfants en bas âge et n'ayant pour tout bien que cette petite propriété qui leur permettait d'avoir tout juste du pain. Il y avait dans la cour un four, loué depuis peu à Oscar Saint-Marc, le boulanger. Hier il avait nettoyé l'immeuble, et acheté chez moi cinq barils de farine qu'il a perdus.

Saint-Marc prétend qu'une des portes de derrière ne fermait pas. L'incendiaire a dû passer par là pour mettre le feu au premier, près des fenêtres ouvrant sur la cour. Il est de fait que nous avons vu sortir une épaisse fumée et des flammes en même temps. Les voisins de bonne volonté se sont rués sur les cases contiguës. Comme elles étaient en bois, ils ont fait si bien des pieds et des mains qu'au bout d'une heure il n'en restait pas une debout. Le feu s'est donc trouvé isolé. On a abattu les poteaux de la maison enflammée, qui s'est affaissée tout d'une pièce. Puis chacun est retourné chez soi, laissant fumer les débris.

Pendant tout ce temps, nous n'avons pas reçu de secours de la Pointe, bien que nous eussions envoyé un homme à cheval pour avertir.

Vers sept heures moins dix, quatre pompiers sont arrivés comme spectateurs. Ensuite est venue toute l'administration, mais trop tard. Elle n'a pu que contempler les décombres de cinq cases brûlées et deux autres presque entièrement démolies. Assurément si nous avions reçu des secours à temps, les dégâts n'auraient pas été aussi considérables.

Quelques centaines de mètres plus loin, on entre à Bordeaux-bourg, point presque central de la Grande-Terre. La dénomination primitive était Grippon. Lorsqu'il fut décidé que le canal qui a pris son nom y aboutirait, M. des Rotours substitua l'actuelle. Il y établit alors une foire annuelle. Chaque dimanche, les cultivateurs des environs apportent leurs denrées pour les vendre ou les échanger.

Bordeaux-bourg, composé avant 1863 de cinq ou six cases, a pris, depuis cette époque, de l'accroissement, grâce à sa situation. C'est déjà un gros village qui, chaque jour, s'agrandit encore. Il n'est pas rare d'y rencontrer, en s'arrêtant à l'auberge, des habitants des quartiers circonvoisins. La voiture attend devant la porte la malle-poste du Port-Louis. Lorsque celle-ci fut arrivée, après l'échange des correspondances, nous nous remîmes en route.

La végétation devient de moins en moins forte à mesure qu'on s'éloigne de Bordeaux-bourg. Non loin, j'aperçus dans la commune du Morne-à-l'Eau, peu-plée de 6,400 habitants, le Vieux-Bourg, presque abandonné. Le Morne-à-l'Eau, que la voiture traversa à huit heures trente minutes, n'a rien de remarquable, si ce n'est sa position juste à moitié chemin de la Pointe-au-Moule, à quatorze kilomètres de l'une et de l'autre.

Le reste du trajet m'offrit rien à noter. A dix heures nous arrivions au Moule, incendié le 15 novem-bre 1873, rebâti depuis. Ses maisons blanches font de loin l'effet d'une troupe de cygnes qui se sèchent au soleil, au bord de l'eau.

La voiture fit halte à la porte de la maison de M. Thérest, l'unique hôtelier. En attendant l'heure du dîner, j'allai me promener par la ville, la deuxième de la Grande-Terre.

Le Moule doit sa prospérité à son port.

Je m'assis sur le banc, installé sur la place, en face de l'église, sous de beaux tamariniers Les notables viennent se reposer des fatigues de la journée. On y cause, on y fume, et on y a frais. L'église, d'architecture italienne, possède quelques peintures, d'un certain mérite. Devant moi, j'avais le port exposé aux vents du nord. Souvent envahi par les rats de marée, il a été témoin de nombreux sinistres. Sous le gouverneur Touchard, on fit des tentatives pour creuser la passe, franchissable seulement pour les navires de trois cents tonneaux. Cet essai donne l'espoir qu'un jour les travaux seront complétés.

Rien n'abrite la rade des vents alizés, qui soufflent perpétuellement dans ces parages, ni des lames venant de la haute mer. Les navires d'un fort tirant d'eau, et de ce nombre sont presque tous les vaisseaux de guerre, ne peuvent entrer au Moule. De plus aucune des parties du port n'est à couvert des projectiles que lancerait une escadre embossée en dehors.

En octobre 1809, il y avait au Moule des navires de commerce, attendant le moment favorable pour appareiller. A bord de l'un d'eux se trouvait un jeune aspirant de marine. La corvette, à l'état-major de laquelle il appartenait, s'était perdue sur les côtes de la Guadeloupe. Il avait pris du service dans la marine marchande, pour rentrer en France. Les croiseurs anglais qui épiaient, fatigués d'attendre et craignant que cette proie ne leur échappât, prirent la résolution d'enlever les navires à l'ancre.

Le 18, au matin, à la manœuvre opérée par une corvette et trois briks, M. Condray de Lauriol, commandant le quartier, prévit une attaque et se disposa à la repousser. Le Moule avait pour défense une mauvaise batterie de quatre pièces sur le rivage, protégée par un simple parapet. Les forces en hommes consistaient en un faible détachement de chasseurs soldés, sous les ordres du lieutenant Beauvallon. Ces chasseurs ne tardèrent pas à être renforcés par quelques marins de bonne volonté, conduits par notre aspirant. On lui confia la batterie. Il était probable que l'ennemi porterait ses coups contre elle. En effet, les premières bordées de la corvette et des bricks renversèrent le parapet et tuèrent plusieurs canonniers.

Gourbeyre — car c'était lui — au milieu des boulets et de la mitraille, conservant le sang-froid et la présence d'esprit de l'homme de guerre, improvisa pour ses hommes et pour ses pièces, une muraille avec des balles de coton. Le feu des Guadeloupéens recommença avec une vivacité, une justesse, dont l'effet fut senti à bord des vaisseaux ennemis. Vu le peu d'hommes qui leur était opposé, les Anglais crurent qu'il serait facile d'enlever en débarquant la batterie, dont ils ne pouvaient arrêter le tir. Toutes les chaloupes sont mises à la mer. Une partie des équipages y descend et se dirige vers la plage. C'était au lieutenant Beauvallon et à ses chasseurs de tenir tête à cette nouvelle agression. Cette poignée de braves n'attendit pas que l'ennemi fût descendu. Entrant dans l'eau jusqu'aux genoux, elle les accueillit par une fusillade à bout portant. La batterie ne restait pas inactive. Quelques coups à mitraille avait assez maltraité les chaloupes pour les contraindre à regagner le large. L'ennemi ne se découragea point. Une seconde tentative de débarquement fut repoussée par les mêmes moyens avec un égal succès. Corvette et bricks qui avaient reçu de nombreux boulets dans la coque et dans le gréement, abandonnèrent le théâtre de leur défaite. Les héros du combat, MM. Beauvallon et Gourbeyre, ne reçurent aucune blessure. Il en fut de même du commandant du quartier, M. de Lauriol qui, voulant encourager les combattants par sa présence, était resté tout le temps du combat, plus de six heures, à cheval, immobile et complétement à découvert.

Si on franchit le pont de bois qui conduit à la route de Saint-François, et qu'on s'élève à une certaine hauteur dans la même direction, on aperçoit la ville sous son aspect le plus pittoresque. C'est surtout quand le temps est orageux, quand le vent souffle du nord, quand la lame brise, quand son écume jaillit à dix mètres en l'air, en **heurtant** les *cayes* du rivage, que le paysage s'anime.

Grâce à son **port**, le Moule jouit, comme le Grand-Bourg de Marie-Galante, de la faculté de recevoir les objets de consommation des lieux de production et d'expédier directement ses denrées.

VI

Des squelettes. — La Porte d'Enfer. — Port-Louis — Le Gozier. — Saint-François. — La Désirade. — La léproserie. — Récolte du coton.

Après le déjeuner, M. Robin, lieutenant du port, me proposa d'aller voir la curiosité du quartier : la Porte d'Enfer. En 1805, le Cortès dont il a été question, en montant à la Soufrière, explora cette plage. Il découvrit dans l'espèce de glacis formé par l'escarpement de la côte, les formes d'un corps humain. Il sonda et exhuma des ossements. Des squelettes enfermés dans le rocher! Quelle révolution terrestre avait produit ce phénomène? Conjectures à perte de vue... Les hommes, dont on retrouvait les restes, étaient sans doute contemporains du déluge. A cette époque la Guadeloupe était-elle donc peuplée ? Le lieu où gisaient les corps pétrifiés était-il un ancien cimetière Karaïbe? Il est à la lame. La marée montante l'inonde. Si donc on

avait retrouvé un cimetière, il fallait admettre l'hypo-
thèse d'une terre plus étendue, qu'un envahissement
de l'Océan avait fait disparaître. Ces cadavres n'é-
taient-ils pas plutôt ceux de naufragés ? C'était la sup-
position la plus vraisemblable.

Le gouverneur Ernouf fit extraire un de ces squelettes. Malgré les précautions prises, il manquait la
tête et presque toutes les extrémités. On le transporta
à la Basse-Terre. Le capitaine-général désirait en
avoir un plus complet pour l'envoyer avec l'autre à
Paris. Sur ces entrefaites l'île fut prise par les Anglais.
Le squelette tomba par suite en leur pouvoir. L'amiral Cochrane l'adressa à l'amirauté qui en fit présent
au Muséum britanique.

Sur les côtes de quelques-unes des Antilles, particu-
lièrement sur le littoral de la partie de la Guadeloupe,
dite Grande-Terre, les vagues, soit en battant les rochers, soit en roulant les coquillages et les coraux, en
détachent des parties menues. Ces débris, tantôt expo-
sés au soleil, tantôt couverts par la haute mer, forment à la longue un tuf très-consistant. Des pêcheurs
ont trouvé des pièces de monnaie qui, recouvertes de
ce ciment, semblaient dans un étui de pierre.

Cuvier a prouvé que l'enveloppe des squelettes était
un agglomérat facilement dissout par l'acide nitrique.

A mesure que nous avancions, longeant les belles

falaises qui s'étendent jusqu'à l'Anse-Bertrand, se déployaient des sites d'une grandeur sauvage. Parvenu au sommet, je demeurai immobile de surprise.

Déchirés dans tous les sens, de hauts rochers, couleur d'ocre jaune, forment une enceinte circulaire. Tout autour les lames déferlent avec fureur. A leur pied s'étend une étroite grève. Les vagues roulent incessamment les galets, les enlèvent, les reportent à l'Océan, ne les laissent jamais en repos. Au fond de la baie, la nature qui, dans ses caprices, se plaît à imiter les ouvrages des hommes, a dressé un portique de formidable apparence. Deux piliers de cent pieds au moins reposent sur deux énormes blocs et soutiennent une arcade naturelle dont la hardiesse étonne. Des flots impétueux, poussés par l'éternel vent d'est, s'engouffrent sous ce portique en mugissant, se brisent avec rage contre ces piliers et font jaillir une écume qui retombe en flocons jusque sur l'orgueilleuse arcade.

Le lendemain, à trois heures et demie, nous entrions au Morne-à-l'Eau, où stationnait, en attendant notre voiture, le véhicule à quatre places qui transporte les voyageurs de ce point intermédiaire au Petit-Canal et à Port-Louis.

Je descendis de la première pour monter dans la seconde, et pus ainsi parcourir le Nord-Est de la Grande-Terre, sans rentrer à la Pointe. On peut aussi aller à

Port-Louis par la voie de mer en prenant le bateau. Il part le samedi à six heures du matin et repart à huit heures, faisant escale au Petit-Canal. Il effectue un second voyage de la Pointe à Port-Louis, à deux heures de l'après-midi, et repart à quatre heures, en touchant une seconde fois au Petit-Canal. La durée *maxima* de chaque voyage, comprenant l'aller et retour, est de cinq heures.

Une place d'arrière coûte quatre francs, une place d'avant deux francs. Le prix de la voiture est sept francs ; mais, en prenant la voie de terre, j'économisais du temps.

Du Morne-à-l'Eau au Petit-Canal, chef-lieu d'une commune de 6,793 habitants avec une usine centrale, qui appartient à M. de Rancogne, il y a huit kilomètres à peu près, et dix du Petit-Canal à Port-Louis, où nous arrivâmes à cinq heures. Ce chef-lieu de canton possède une jolie église. On trouve dans sa commune, peuplée de 5,108 habitants, deux usines centrales à sucre, et sur le rivage une baie qui est un mouillage excellent.

A notre arrivée, le bâteau était parti depuis une heure. Il ne fallait pas compter prendre la voie de mer pour retourner à la Pointe-à-Pitre, à moins d'attendre jusqu'au samedi suivant.

Pour tromper les ennuis de la soirée, je demandais

à l'habitant chez qui j'avais trouvé l'hospitalité moyennant finances, s'il n'y avait rien à voir aux environs. Il me **désigna** l'habitation Souques, le plus bel établissement industriel de la Guadeloupe. On y fabrique, bon ou mal an, 3 à 4,000 barriques de sucre.

La soirée, magnifique, m'engagea à pousser ma promenade jusqu'à l'Anse-Bertrand, commune de 4,554 habitants, la plus septentrionale de la Grande-Terre, la plus délaissée aussi, puisqu'elle n'est reliée à Port-Louis que par un service de courriers à pied qui, partant à dix heures trois quarts du matin, sont de retour à une heure de l'après-midi, ce qui prouve qu'ils ne courent pas toujours.

Le quartier de l'Anse-Bertrand, où l'on trouve le Trou-à-Vaches, ne ressemble pas au reste de l'île. Ses grandes plaines brûlées par le soleil, desséchées par le vent du nord, ses grandes falaises, sa mer verte comme l'Océan, lui donnent une physionomie particulière.

Avant 1848, il était le plus peuplé.

Le bourg, composé de quelques maisons, d'une Mairie, d'une Gendarmerie et d'une Eglise, pourrait devenir important si l'on se décidait à rendre le port praticable.

Quelle que fut l'infériorité, relativement à mon lit de l'*Hôtel des Bains*, de la natte de roseaux que mon

hôte m'offrit en s'excusant par la phrase consacrée,
j'étais si fatigué par la chaleur que j'avais supportée
toute la journée, comme un *coolie* dans les champs
de cannes ; j'avais avalé tant de poussière et de rayons
de soleil ; j'avais les membres si douloureusement
brisés par les cahots de la voiture, que je me faisais
un plaisir du sommeil que j'espérais goûter.

A peine étais-je étendu sur les lianes tressées, dans
un costume suffisamment léger, que je sentis voler
autour de moi et se poser sur plusieurs parties de
mon corps à la fois des insectes qu'il m'était impossible de distinguer dans l'obscurité, mais qui sonnaient des fanfares si éclatantes que je les reconnus
aussitôt.

Malgré ma promptitude à appliquer une vigoureuse
claque sur la région où ils se posaient, ils m'échap-
paient. Leur adresse, leur légèreté, dénotaient chez
ces fils de l'air une grande pratique de ce genre
d'exercice. Mes ennemis étaient impalpables. Je pris
le parti de m'envelopper de mon manteau herméti-
quement, comme une momie l'est de ses bandelettes.
Mais j'étouffais et je suais à grosses gouttes. En fin
de compte, je consentis à me laisser dévorer stoïque-
ment plutôt que de périr par asphyxie, et je passai la
nuit dans une irritation nerveuse qui me tenait éveillé
comme un Promethée livré en pâture aux carnassiers,

et méditant, pour distraire ma pensée, la fable de Lafontaine : *le Lion et le Moucheron*, d'une actualité navrante.

Le lendemain, dimanche 8 octobre, je sortis de ma chambre en bien piteux état après une nuit sans sommeil passée à lutter contre mes terribles et insaisissables ennemis. A la suite d'un déjeuner composé exclusivement de poissons, mais vraiment délicieux, je repris ma place dans la voiture, qui entra au Morne-à-l'Eau à trois heures cinquante minutes. Là, je descendis pour remonter dans celle qui revenait du Moule. A quatre heures quarante-cinq minutes, nous traversions le vieux Bourg-des-Abîmes. Sur les cinq heures un quart je remettais le pied sur le seuil de l'*Hôtel des Bains*.

Le jour suivant, lundi 9 octobre, je montai à deux heures de l'après-midi dans la voiture de Saint-François.

Au bout de trente-cinq minutes la voiture postale s'arrêta au milieu de la route. Je m'enquis auprès du conducteur de la cause de cette suspension de mouvement.

— Monsieur, nous sommes au point le plus rapproché de la demeure du buraliste du Gozier, à sept kilomètres de la Pointe, et c'est ici que je dois recevoir et remettre les paquets de la poste.

Comme j'écoutais cette explication, le facteur parut

et fit l'échange des dépêches. La voiture roula de nouveau, laissant derrière elle, sans y entrer, le Gozier, chef-lieu d'une commune de 4,629 habitants et station de pilotage. En face, sur l'îlot du même nom, on a établi un feu. Sa lumière est blanche, fixe, éclairant l'horizon du N. 30° E au N. 30° O, en passant par le sud, qui est sa face principale. Un observateur, dont l'œil est placé à trois mètres au-dessus de la mer, l'aperçoit distinctement à sept milles dans toute sa partie éclairée.

Ce feu dirige le long des côtes de Saint-François et de Sainte-Anne les navires qui ont reconnu le phare de la Petite-Terre. La portée de ce dernier est de quinze milles, et sa distance de l'îlot du Gozier de vingt-cinq milles dans l'est, un quart sud-est. Le navigateur venant soit du nord, soit du sud, qui se place à l'ouest et en latitude de la Petite-Terre, rencontre en courant à l'ouest la lumière du nouveau feu, peu de temps après avoir perdu de vue celle du phare.

Sur les quatre heures et demie, nous entrions à Sainte-Anne. Je résolus de profiter de l'occasion qui m'était offerte de partir, à ma descente de voiture, pour la Désirade, troisième dépendance de la Guadeloupe.

Le lundi de chaque semaine, un bateau-poste part de cette petite île, arrive à Saint-François dans l'après midi et effectue son retour à six heures.

J'arrivais à point pour traverser le canal de huit

kilomètres, toujours houleux, qui sépare la Grande-Terre de l'asile des Lépreux. Je m'embarquai donc sur le *Saint-François* avec le patron, un matelot, deux passagers. Maître Cyril prit la barre. Son matelot déploya la voile et le foc. L'embarcation, légère et gracieuse, comme un nid d'alcyon ballotté par le flot, commença de tanguer et de rouler avec une continuité qui me donnait des appréhensions. Dieu vous garde du canal de la Désirade !...

Emportés avec rapidité par le vent, c'est à peine si nous aperçûmes la Terre-de-Bas, un des deux îlots situés à l'entrée du canal, séparant la Désirade de la Grande-Terre, et appelés collectivement Petites-Terres.

A cent quatre-vingt-quatre mètres de son extrémité orientale, par 16° 10' 29" N. de latitude, et 63° 25' 16' O. de longitude, se dresse à trente-trois mètres au-dessus de la mer et à vingt-trois au-dessus du sol, un phare dont le feu fixe a une portée de quinze milles.

Les navires, qui se rendent d'Europe à la Guadeloupe, en passant au vent de l'île, chemin le plus direct, sont contraints, après avoir reconnu la Désirade, de passer, pour entrer à la Pointe-à-Pitre, entre la Petite-Terre et la Pointe-des-Châteaux, à l'extrémité est de la Grande-Terre. Ils peuvent aussi, en s'allongeant de quelques milles, cingler entre la Petite-Terre et Marie-Galante.

Il était nuit close quand le *Saint-François* arriva à
la Désirade.

Une plage tourmentée, environnée de yuccas, d'énormes figuiers d'Inde, de palmiers africains, couverts de
piquants et d'épines, avec leurs grosses touffes bour-
rues et leurs feuilles en éventail ; quelques cases dis-
séminées, quelques misérables barques de pêcheurs
dans la baie, voilà le port.

Nous descendîmes à terre. Maître Cyril m'offrit
l'hospitalité, proposition que j'acceptai, vu qu'il n'y a
pas d'auberge. Il me présenta à sa famille, composée
de sa femme, une capresse, de deux petites filles de
dix à douze ans environ, Lucinda et Chochotte, qui
me regardaient avec étonnement.

Le lendemain, au point du jour, conduit par mon
hôte, j'allai prendre un bain. On a, de la plage, une
vue magnifique sur la mer. J'étais dans l'île que
Christophe Colomb découvrit lors de son deuxième
voyage, en 1493. Cette circonstance détermina l'illustre navigateur à l'appeler *Deséada*, la désirée, par cor-
ruption *Désirade*. Sommet de quelque montagne en-
gloutie, elle n'a que dix-sept kilomètres sur neuf. Le
développement de ses côtes est de vingt-deux. Le chiffre de la population ne dépasse pas 1,959. Leur principale industrie est la pêche et la culture du coton.

On ne connaît pas l'époque précise de son occupation. On croit que ce sont des Français qui s'y établirent tout d'abord : des *engagés*, disent certains, qui n'avaient pu obtenir de concessions à la Guadeloupe; des Huguenots, affirment les autres, à la recherche d'une terre peu fréquentée, où ils pussent professer en liberté leurs croyances. Ce qui donne de la vraisemblance à cette opinion, c'est qu'au commencement du dix-huitième siècle, on comptait à la Désirade un nombre assez grand de colons professant la religion réformée; ils furent obligés d'abjurer lors de la révocation de l'édit de Nantes.

Après le bain, maître Cyril me conduisit à la Léproserie.

La lèpre, maladie incurable et hideuse, semble en vouloir moins à l'organisme de l'homme qu'à ses formes inconnues en Europe. Jadis elle en disparut vers 1492, après y avoir exercé ses ravages pendant huit siècles. En 1712, elle avait fait à Saint-Domingue de tels ravages, qu'un arrêté du Conseil supérieur du Cap, prescrivit le transport des lépreux à l'île de la Tortue.

A la Guadeloupe, on ne s'occupa des lépreux qu'un peu plus tard. A la date du 14 mai 1721, le Conseil supérieur ordonna aux maîtres d'esclaves malades de les séquestrer dans des lieux écartés, sous peine de cent livres d'amende.

De 1721 à 1725, en moins de quatre ans, la maladie s'étendit et se propagea dans de telles proportions que les habitants de la Grande-Terre, effrayés, s'assemblèrent pour aviser aux moyens d'arrêter l'horrible contagion.

Le 25 mai 1728, de Champigneux et Blondel ordonnèrent une visite générale

Aucun habitant ne devait se soustraire à l'examen des hommes de l'art. Quiconque, soupçonné d'être atteint, se dérobait à leur inspection, était traité de la même façon que le lépreux resté à la Guadeloupe.

On découvrit 125 lépreux, dont 22 blancs, 6 mulâtres et 97 nègres.

Ces infortunés formèrent cinq groupes, chacun de vingt-cinq individus, sans distinction de sexe, qui occupèrent autant d'habitations. A la tête des groupes était un blanc. Il avait sur les autres malades l'autorité d'un père de famille.

Les souffrances, les privations de toutes sortes que les Guadeloupéens avaient endurées sous le gouvernement de MM. de Clien et de Caylus, amenèrent en 1749 une recrudescence de la terrible maladie, qui se répandit à la Grande-Terre d'une manière effrayante. La maladie se manifestait sous forme de croûtes hideuses, recouvrant de fétides ulcères.

Lors de la fondation de la léproserie de la Désirade,

on avait cru possible, de laisser l'entretien des lépreux
à la charge de leurs parents ou de leurs maîtres. Aucun impôt ne fut établi pour cet objet. L'expérience
démontra que ce système était impraticable. Une direction unique fut créée. En présence d s ravages terribles
de l'épidémie, on vota des fonds suffisants, non-seulement pour l'entretien des malades déjà au dépôt, mais
aussi pour ceux que l'on pourrait y envoyer dans la
suite. On remit aux exilés, avant leur départ, des instruments aratoires, des chèvres, des brebis, des volail-
les, des plantes, des graines. Tous ces objets une fois
entrés à la Désirade, n'en pouvaient sortir. Toute
exportation était absolument défendue. Aucun parent,
aucun ami, ne pouvait accompagner les lépreux.

Séparés du monde par la loi, ceux-ci n'avaient plus
le droit d'aliéner ou donner. S'ils possédaient des
biens ils en conservaient l'usufruit, mais ne pouvaient
ni tester ni hériter. La colonie ne faisait la dépense
d'installation que pour le malade dénué de ressources.
Les autres étaient tenus de se pourvoir de vivres
pour six mois. Le maître devait fournir le nécessaire
à son esclave contaminé.

Ces dispositions prises, on fixa la date fatale à
laquelle toutes les personnes atteintes de lèpre sans
exception devaient être rendues à la Désirade, après
avoir dit un éternel adieu à leurs parents, à leurs amis,

aux lieux où elles étaient nées. Passé cette date, il était prescrit à quiconque rencontrait un lépreux ailleurs qu'à la Désirade, de lui courir sus et de le tuer comme un animal dangereux. Tout propriétaire d'embarcation convaincu d'avoir aidé un lépreux à quitter l'île était, comme le malade, fusillé sans rémission. La même mesure atteignait tout malade qui ne s'était pas soumis à la visite des médecins.

Je vis là plusieurs chambrées de malheureux en proie à l'éphantiasis, à la lèpre, à toutes les maladies monstrueuses des tropiques, disparues et oubliées en Europe grâce aux progrès de la civilisation et à la pratique de l'hygiène.

La Martinique y entretient également ses lépreux. On en compte une centaine en moyenne.

En 1763, la Désirade fit concurrence à la Bastille.

Une ordonnance royale du 15 juillet, l'érigea en lieu de déportation pour les jeunes gens de famille qui, sur la demande de leurs parents, y étaient envoyés de Rochefort.

Le 29 juillet 1825, trois jours après le fameux ouragan du 25 précédent, trois longues secousses de tremblement de terre ébranlèrent le sol. Les habitants étaient encore sous l'impression de terreur que ces épouvantables convulsions terrestres causent à ceux qui en sont témoins et victimes, quand une trombe,

LA RÉCOLTE DU COTON. (P. 93.)

passant sur leur tête, laissa tomber des colonnes d'eau qui emportèrent tout ce qu'elles rencontrèrent.

En sortant de la Léproserie, nous nous dirigeâmes vers une colline. De ce point le promeneur jouit d'une vue délicieuse.

Il n'y a qu'un départ par semaine pour Saint-François; je passai donc dans l'île une semaine pleine. J'assistai à la cueillette du coton.

Originaire de l'Asie, le cotonnier est un genre de la famille des *malvacées* cultivé en grand en Amérique. La fleur est caractérisée par un calice double. L'extérieur a trois divisions profondes et grandes. L'intérieur est plus petit et évasé. La corolle a cinq pétales. La capsule, de la grosseur d'un petit œuf de poule, sphérique ou ovale, quelquefois pointue, a trois ou quatre vulves avec autant de loges remplies de graines verdâtres ou noirâtres qu'entoure un duvet fin et soyeux.

Lorsque ce duvet, connu sous le nom de coton, est mûr, il fait éclater les vulves et déborde de toutes parts de la capsule qui le tenait enfermé. Si la saison est favorable, on peut commencer à récolter sept ou huit mois après l'ensemencement. Cette opération dure trois mois. Dans quelques pays plus favorisés, comme la Désirade, il y a deux récoltes, mais le coton de la seconde est toujours inférieur à la première.

Un planteur intelligent règle ses plantations de manière que les semailles aient lieu par un temps humide. La germination s'opère plus activement et la récolte peut se faire en temps chaud. Le coton doit être recueilli sec et propre. L'humidité le ferait fermenter, sa graine germerait.

Au lieu de cueillir les capsules à poignées, ce qui aurait pu mêler au coton des feuilles sèches qui l'auraient sali, nègres et négresses, que je voyais travailler, ne se servaient que de trois doigts et évitaient de casser les branches en les attirant à eux, ce qui aurait pu faire fendre les capsules encore vertes; après quoi ils déposaient les capsules cueillies dans une manne.

Chaque manne doit contenir en moyenne vingt-cinq kilogrammes de coton en graine. On le met sécher au soleil sur des toiles deux ou trois jours. Ensuite on fait le triage et on l'enferme en magasin.

Les poteaux qui le soutiennent sont garnis de godets de fer-blanc pour empêcher les rats d'y monter. La précaution est indispensable. Ces rongeurs sont extrêmement friands de la graine du cotonnier. Quand, par malheur, ils pénètrent dans un magasin, ils y font des dégâts épouvantables.

Pour séparer le coton de sa graine, on le fait passer entre deux cylindres de bois, disposés horizontalement, l'un au-dessus de l'autre, et mûs par un moulin. Lorsque le coton est bien épluché, ont le met dans la presse, et l'on forme la balle avec de forte toile. Plus les balles sont serrées, moins le coton souffre d'avarie dans le transport à bord des navires.

La récolte faite, on coupe les cotonniers à pied pendant la saison des pluies. L'année suivante, la souche donne des fruits plus vite et en plus grande quantité que les jeunes plants.

Dans certaines parties de l'Amérique, on ne fait cette opération que tous les trois ans. La culture de ces arbrisseaux est facile entre toutes; c'est celle qui exige le moins de bras et de dépenses. Aussi est-ce par cette culture ou celle du café que les colons commencent leurs plantations. Un seul homme peut cultiver un hectare et demi planté en cotonnier. Cette surface, si le terrain est bon et qu'on le soigne, peut produire annuellement trois à quatre cents kilogrammes de coton.

VII

Retour. — Le *Sémillant*. — Marie Galande. — La baie Mahault. — Un
bac et des disputes. — Petit-Bourg. — La Goyave. — Sainte-Marie. —
La Capesterre. — Une nuit du capitaine-général Ernouf, chez M. Nan.
— Dumanoir. — Le Grand-Etang. — Déception de touriste. — La
Coulisse. — Les bains de Dolé.

Le lundi, 16 octobre, maître Cyril, sorti pour l'ap-
pareillage, me cria :

— A bord, Monsieur, il est midi. Le bateau-poste
est aussi exact qu'un train-poste.

Après une traversée plus agitée que la première,
nous arrivâmes à Saint-François. Le lendemain, 17, à
six heures du matin, je montai dans la voiture; enfin,
à dix heures un quart, je rentrai à la Pointe-à-Pitre.
Quoique j'eusse l'intention de toucher seulement terre,
il me fallait y passer deux jours avant de remettre à la
voile. Le bateau de Marie-Galande, que je voulais
visiter sans retard, quitte ce port le lundi et le jeudi,
à six heures du soir. J'arrivai après le premier départ.
Force me fut d'attendre le second. Enfin, le 19 octobre, à six heures du soir, je pris passage pour Grand-
Bourg, à bord du *Sémillant*.

> Il était petit, ce navire;
> Mais comme il courait sur les flots;
> Il se sentait sur son empire,
> Il eût vogué sans matelots.

Marie-Galande s'étend six lieues au sud de la Grande-Terre, par 16° 3' de latitude nord et 63° 29' de longitude ouest. Nous en étions à sept milles, quand parut la lumière blanche du feu du Grand-Bourg. Les hautes falaises à pic qui bordent, excepté au nord et à l'ouest, ses côtes d'un développement de quatre-vingt-trois kilomètres, se dessinaient avec vigueur, grâce à la transparence de la nuit, sur le ciel d'un bleu foncé. A leurs pieds, des caps, des gouffres, des brisants, rendent dangereuse la navigation. Nous débarquâmes. Le patron du bateau m'indiqua une auberge et le mousse m'y conduisit.

Marie-Galande, la plus importante des dépendances, a pris le nom de la *Maria-Galanda*, un des vaisseaux de Colomb, qui la découvrit en 1493. Sa superficie est de 14,927 hectares; son sol, de nature calcaire et sablonneuse, est arrosé de petits cours d'eau, couvert de mornes, dont le plus élevé le *Morne Constant* atteint 205 mètres. La population est active et industrieuse. Elle se livre à la pêche, à l'élève du bétail, au commerce du bois de campêche, à la culture de la canne, du café, du coton. Marie-Galande, formait autrefois un petit gouvernement dépendant de celui de la Guadeloupe et placé sous l'autorité d'un commandant particulier.

Le lendemain je visitai Grand-Bourg, peuplé de

6,104 habitants. On le nomme aussi Marigot. Lors de la Révolution il fut appelé la *Réunion*. C'est le chef-lieu. On y trouve justice de paix, perception, la chambre d'agriculture des dépendances, une maison de correction pour les disciplinaires et les hommes condamnés à moins d'un an d'emprisonnement, un hospice civil et des maisons d'éducation. En 1797, à la promulgation de la loi du 25 août, il forma avec son territoire le 25ᵉ canton. Les productions de l'île sont assez variées : bois de campêche, café, coton, cacao, cannes à sucre. On y fait aussi l'élève des bestiaux. Ses chevaux et ses mulets sont renommés.

Les départs de Grand-Bourg ne s'effectuent qu'après six heures de relâche dans la rade, à compter du moment où la correspondance a été déposée au bureau de poste, non compris le séjour de nuit.

Ces dispositions me permirent de rentrer à la Pointe-à-Pitre, où j'arrivai le vendredi soir, 20 octobre.

Le samedi, 21, en compagnie du conducteur, grand garçon qui avait servi dans l'artillerie de marine, et d'un mécanicien de l'usine centrale de Darbousier, je pris place sur le *Chérubin*, petit vapeur qui fait la traversée de la rivière Salée.

Nous allions reprendre la voiture sur l'autre rive à Petit-Bourg, à droite duquel se trouve la baie Mahault qu'un poète créole a célébrée :

Mahault, dans bois c'est gnon côté,
Faut moin vanté, faut moin chanté,
Li qu'à charmé, li enchanté.
C'est la beauté, c'est la clarté.
Mi coté la yo qu'a gouté
La pa x di cœur, tranquilité. *lis.*

Dans gnon petit bocage,
Case à moins dans l'ombrage,
En bas lilas, feuillage,
L'onézeaux dan si ramage,
Qu'à becqueté plumage,
Sans redouté l'orage,
Ni misère dans cage.

Ti tourterelle,
Triste et fidèle,
Con té chantrell',
Dans ritournelle.
Qu'à roucoulé,
Qu'à redoublé,
Chanson d'amour,
Et nuit et jour,
Tous troubadour.
Là, gnon petit rivière
Qu'a roulé dans carrièr.
Là n z' Hébé, et madère
Et gnon petit gouttière
En bas gnon grand lisière
Qu'a pisé d'iau claire.

Le 29 septembre 1809, les *Landes*, corvette expédiée
de France, sous la conduite du capitaine Raoul, pour

porter des dépêches à la Guadeloupe, se dirigea sur
ce port.

A l'entrée du Grand-Cul-de-Sac, elle rencontre le
Marius, brick anglais de douze caronades de 18, monté
par soixante-dix hommes et commandé par le capitaine Barnet, qui manœuvre pour barrer le passage.
Les sabords de la corvette étaient fermés. Raoul laisse
arriver le brick à portée de pistolet, hisse son pavillon, ouvre les sabords et lâche une formidable bordée.

Cette première décharge avait tellement maltraité
le Marius que Raoul crie au commandant d'amener.
Celui-ci riposte. Une seconde bordée de la corvette
désarme complétement le brick. Les deux navires
étaient presque bord à bord. La corvette suspendit
son tir, Raoul menaça le brick de le couler s'il ne se
rendait pas. Le Marius amena son pavillon. Le capitaine avait été tué. Il ne restait de l'équipage que
vingt-cinq hommes valides. A bord des Landes, il y
avait un blessé.

En arrivant à Petit-Bourg, nous trouvâmes auprès
de la gabare sept voitures ou cabronets. Les con-
ducteurs attendaient depuis au moins trois quarts
d'heure, en proie à des myriades de petits vampires.

Un propriétaire de la Pointe descendit dans la gabare. Les passeurs refusèrent au conducteur d'un
petit cabronet à bourrique de le laisser entrer en

même temps. Celui-ci, têtu comme sa bête, ne tient aucun compte de la défense, enlève la traverse et fait entrer son véhicule. De là, pendant la traversée, des paroles et des injures à n'en plus finir. A l'arrivée à terre, les esprits étaient tellement montés que les chemises étaient sur le point d'être retirées et un pugilat de s'engager. Le gardien du passage, le père Amator Nérée, employait toute son énergie à faire cesser la querelle, mais on ne l'écoutait guère.

Les passagers, restés sur l'autre rive, criaient en même temps qu'on vînt les prendre. Il y avait encore cinq voitures ou cabronets qui attendaient.

Ce ne sont pas les seuls désagréments à signaler. Avec un bac on court le risque d'accidents graves. Les chevaux peuvent être effrayés par le passage d'un vapeur, par les coups de fusil. Les chasseurs ont l'habitude de décharger leurs armes en cet endroit.

Afin d'éviter tous ces inconvénients un pont est indispensable. Le conseil général ne devrait pas hésiter à voter les fonds nécessaires pour sa construction. On établirait un péage pour le remboursement. Personne n'y trouverait à redire.

A Petit-Bourg, la diligence attendait. Nous y prîmes place. La route dans laquelle elle s'engagea, la seule qui relie la Pointe à la Basse-Terre, contournant le rivage de la Guadeloupe, décrit un demi-cercle de cinquante et un kilomètres. De la Basse-Terre à Petit-Bourg, on compte, à vol d'oiseau, dix-neuf kilomètres. Cette différence n'avait pas échappé au comte de Nolivos, intelligent administrateur. Aussi, tout en conservant cette route, voulait-il ouvrir un nouveau chemin qui, partant du Matouba, aurait abouti, à travers les montagnes, au Petit-Bourg. La voie projetée facilitait la défense de l'île. Ajoutez un troisième avantage, auquel on ne songeait point. Elle aurait permis de mettre en culture des terres fertiles qui, en raison de leur élévation, de la fraîcheur qui y règne constamment, pourraient être habitées par des agriculteurs européens.

Pendant que, assis sur le second banc de la voiture, je causais avec une cabresse dont le *tignon* était coquettement *amarré* en aile de pigeon, nous étions arrivés à Goyave, à vingt-quatre kilomètres de la Pointe, à huit du Petit-Bourg. Les chevaux avaient franchi cette dernière distance en soixante minutes.

Bientôt nous entrâmes sur la commune de Sainte-Marie, érigée en marquisat en 1659, époque où Houël et ses neveux se partagèrent l'île. Christophe Colomb, y débarqua à son premier voyage, et y trouva sur le rivage des Karaïbes occupés à dévorer des prisonniers.

En 1645, ceux qui ne savaient pas que Houël s'enrichissait par les impôts qu'il obligeait les colons à lui payer, répandirent le bruit que le sénéchal avait trouvé à Sainte-Marie une mine d'or. La présence en était révélée, selon la croyance populaire, par la couche jaunâtre flottant à la surface des eaux stagnantes qu'on y trouve.

En quittant Sainte-Marie, on s'élève insensiblement vers la Capesterre dont les plaines s'étendent de la montagne à la mer, parsemées des mornes Caranguais, Scapamont, Pérou, Saint-Martin et Carbet. Du sommet de ces derniers tombe une cascade, le *Saut du Carbet*, remarquable par son élévation. Le volume de la colonne d'eau qu'on ne peut exactement apprécier à cause de l'impossibilité d'en approcher, varie selon le plus ou moins d'abondance des pluies. Elle est assez considérable pour tracer sur la montagne une ligne blanche qu'on aperçoit en mer à plus d'une lieue de la côte, ce qui, avec la distance de la chute au rivage, autorise à dire qu'elle est visible à une distance de douze kilomètres.

Ce quartier, dont le nom dérive du latin *caput terra* ou du français *Cap-les-terres*, est arrosé par trois rivières, dont la plus large et la plus profonde, est la Grande-Rivière. Ces cours d'eau reçoivent une foule d'affluents qui les grossissent. On remarquait autrefois dans ces quartiers l'ancien marquisat de Brignon, passé plus tard dans la maison de Senneterre, puis dans la famille de Moyencourt, et l'habitation dite le *Pérou*, à cause de la grande fertilité de son sol.

A onze heures et un quart, nous arrivâmes au bourg distant de la Pointe de 38 kilomètres. Tout le monde mit pied à terre ; nous entrâmes dans la salle de l'auberge. Pendant que la maîtresse nous faisait les honneurs de son déjeuner, un négrillon agitait au-dessus de la table une large feuille de bananier pour chasser les mouches importunes.

Au dessert, cette hôtelière pratique nous insinua de payer le dîner de notre conducteur qui s'était égalitairement assis avec nous. Mais payer cent sous le dîner d'un postillon, quand on a donné quinze francs pour une place dans sa voiture, vous m'avouerez que c'est trop fort. Aussi la proposition n'eut pas le moindre succès.

Dans une de ses visites à la Capesterre, il arriva au gouverneur Ernouf une aventure qui prouve quelles étaient, à cette époque, les habitudes d'un grand nombre des colons : luxe et prodigalité dans le superflu et les choses d'apparat, négligence poussée presqu'au dénuement pour le nécessaire. Tel propriétaire possédait une argenterie de prince, le linge de table le plus fin, et se trouvait embarrassé pour changer de chemise.

Ernouf avait annoncé à M. Robert Nan, planteur du

quartier, qu'il irait lui demander à dîner. La plupart des propriétaires des environs furent conviés à cette fête. M. Nan servit à son hôte illustre un repas dont Brillat Savarin et le baron Brisse auraient loué l'ordonnance. Le soir vint, puis la nuit. Le capitaine-général ne parlait point de partir. Un orage ayant éclaté, il déclara qu'il coucherait, honneur auquel M. Nan ne s'attendait guère. Il fallait dresser un lit pour le chef de la colonie. La maîtresse de maison fouille toutes les armoires, les bouleverse de fond en comble. Pas un drap blanc !... En cette extrémité elle eut l'idée d'en faire jouer le rôle à la magnifique nappe sur laquelle avait été servi le dîner. Bref, Ernouf se couche et s'endort ; mais, tourmenté par des picotements sur tous le corps, il se réveille, se grattant avec fureur. Ayant bu du champagne et d'autres vins capiteux, il crut d'abord que ces démangeaisons provenaient de l'échauffement de son sang. Il appelle. Son Amphytrion accourt avec de la lumière. Que voit-il ?... Le capitaine-général dans un nid de fourmies. Les gouttes de sauce, tombées sur la nappe pendant le repas, avaient attiré des myriades de ces insectes.

Je vous laisse à penser si les bons voisins, cancaniers et moqueurs, comme tout créole, rirent aux dépens de M. Robert Nan et de son hôte.

L'habitation Dumanoir est une des premières qu'on

aperçoive en sortant du bourg. De son ancienne splendeur elle n'a conservé que son admirable situation et sa non moins admirable avenue de palmistes, longue de près d'une lieue.

Cette habitation, réduite aujourd'hui aux proportions d'une sucrerie ordinaire, possédait autrefois 2,000 esclaves. Le propriétaire de cette principauté avait autorisé des marchands de la Pointe-à-Pitre à établir des boutiques dans les rues du village que formaient ses cases à nègres.

Trois navires appartenant à l'habitation étaient constamment en mer pour le transport des produits au Havre et à Bordeaux.

De tant de prospérité il ne reste que le souvenir. Un des descendants de la famille qui possédait ce Pérou a dû se créer dans les lettres une position à force de talent et de travail. Dans le quartier de la Capesterre, on rencontre le Grand-Etang que les aborigènes avaient nommé la Grande Eau de la montagne. Il a quatre kilomètres de tour. Des arbres gigantesques au feuillage épais lui font une ceinture sombre. De grandes lianes, accrochées aux branches, descendent jusque dans l'eau en s'entrelaçant. De vieux troncs dépouillés, sur lesquels se sont établies des familles de végétaux parasites, témoignent par leur vétusté de l'absence de l'homme dans ces parages. Les montagnes dont le cercle ferme l'horizon, forment un bassin irrégulier où se réflètent les masses d'ombre projetées par les arbres et les teintes lumineuses du ciel.

Quelques botanistes fanatiques, quelques chasseurs passionnés viennent, à de longs intervalles, troubler ces solitudes. Quelque éloignées que soient les dates de leur passage, on n'en rencontre pas moins quelquefois leurs traces, ce qui est presque toujours l'occasion d'une impression désagréable. Rien n'élève la pensée comme la contemplation des grandes scènes de la nature; mais, si rêvant de l'immensité, vous heurtez du pied une boîte à sardines ou une bouteille vide dont l'étiquette vous montre encore en lettres rouges sur fond jaune le nom de *Noilly-Prat et C*ᵉ, de Marseille, il est certain que vous êtes brusquement rappelé aux choses terrestres, ce qui ne laisse pas que d'affecter péniblement dans la circonstance.

Un Pointu, en changement d'air à Matouba, avait entendu dire que je ne sais plus quel morne des environs n'avait jamais été foulé par le pied d'un mortel : *Nullius ante trita pede.* Cette affirmation le surprenait. Le piton n'étant pas élevé, l'accès en paraissait facile. Un matin, il part comme Tartarin pour les Alpes, avec la résolution de faire une découverte. Arrivé au pied du morne, il s'arrêta, et le toisant des yeux, il se dit à lui-même : Où ne monterai-je pas? *Quò non ascendam!* la devise de Fouquet. Il serre les cordons de son chapeau, assure ses guêtres autour de ses jambes et commence l'ascension d'un pas ferme. Le chemin n'était pas aisé. Il fallait souvent s'aider des mains. Il arrive enfin au terme de sa course. Un seul bloc de rocher le sépare du plateau supérieur. Il éprouvait une grande satisfaction. Tournant ce dernier obstacle, il se trouve, nez à mufle, avec une belle vache bretonne qui, tranquillement, prenait les premiers rayons du soleil.

A partir de la Capesterre la route est dure. On traverse le quartier de Saint-Sauveur avant d'arriver aux Trois-Rivières, où la diligence s'arrête pour renouveler son attelage.

Après avoir traversé la rivière des Bouaniers, qui sepere la Capesterre des Trois-Rivières, nous trouvâmes un chemin taillé à mi-côte dans les contre-forts de la Soufrière presque à pic sur une longueur de deux kilomètres. Le second quartier est le plus montueux, le plus accidenté. Le paysage y change complétement d'aspect. La végétation vigoureuse des bas-fonds de la Goyave et de Sainte-Marie disparaît. Le sol violemment tourmenté par les convulsions volcaniques, est couvert de blocs de rocher aux formes bizarres : on se croirait dans la Basse-Bretagne, au milieu des monuments druidiques. De petits bouquets d'ar-

bres, assez semblables aux bouleaux de Fontaine-
bleau, poussés de distance en distance entre les blocs
de granit, les genêts et les acacias, dont les fleurs
jaunes se détachent sur les terres brunes, le beau bleu
du ciel et les verts un peu gris des fonds, tout cela
forme un ensemble unique dans les Antilles. C'est un
paysage de Rousseau avec la mer pour horizon. Les
Saintes, dont le groupe émerge au large, la ligne
majestueuse du Houëlmont, dont le soleil couchant
accuse les différents plans, tout constitue un ensemble
admirablement beau.

La rivière du Trou-au-Chien prend sa source dans
ces montagnes et va d'un cours rapide se précipiter
dans la mer. On trouve sur les hauteurs d'où elle descend quelques petits plateaux d'une terre noire et
grasse entremêlée de roches et d'éclats de pierre. On
arriverait je crois, avec un travail considérable à trans-
former ces carrières de moellons en terre labourable.

En continuant d'avancer, on arrive à la rivière du
Petit-Carbet, une des trois qui ont contribué à donner son nom au quartier.

A peu de distance, le littoral est échancré par la
Grande-Anse, d'une lieue de développement. Sa plage
est douce, le mouillage excellent et la mer d'ordinaire
calme et belle, quoique exposée aux vents réguliers
de l'est.

Dans la commune des Trois-Rivières, aujourd'hui
de 3,594 habitants, sur les hauteurs du Trou-au-Chien,
un fromager tristement célèbre a servi de potence lorsque le général Lacrosse lança, en 1802, les chasseurs
des bois à la poursuite des rebelles. Beaucoup y furent
suspendus haut et court.

Coquille-Dugommier ·y possédait une fort belle
habitation sucrière à laquelle était attenante une ca-
féière. Mais le site le plus curieux, sans contredit, est
la Coulisse.

Figurez-vous une immense roche enchassée dans
un coteau au milieu de frais ombrages. La roche est
creusée par une rigole d'un demi-mètre de profondeur,
dans laquelle coule, depuis le commencement du
monde sans doute, un courant d'eau d'un mètre cube
à la seconde sur un plan incliné à quarante-cinq degrés. Au sommet est creusé un petit bassin d'eau
limpide dont le courant accélère sa vitesse en se
rapprochant de la chute. A l'extrémité inférieure
s'arrondit un second bassin de huit à dix mètres de
tour, de trois à quatre de profondeur. On se place,
dans le bassin supérieur, sur le dos, les bras croisés,
les pieds dans la direction du courant comme pour
faire la planche. Tout doucement on est porté d'abord
vers la chute ; puis, la passe franchie, on descend la
pente avec la vitesse vertigineuse de quarante lieues

à l'heure. La Coulisse peut avoir vingt mètres de hauteur. En arrivant en bas on plonge dans le bassin avec la force d'une balle conique lancée par une carabine rayée et l'on ressort quelques mètres plus loin avant d'avoir eu le temps de se demander si l'on est tombé.

La vue de cet exercice donne le vertige. Il offre cependant un tel attrait que les baigneurs recommencent vingt, cent fois, malgré la fatigue de remonter au sommet par un escalier naturel très-irrégulier.

Les Trois-Rivières dépassées, on s'engage dans les hautes montagnes adossées à la Soufrière par une belle route macadamisée, et l'on arrive à Dolé, célèbre par ces eaux thermales.

L'habitation de ce nom, autrefois possédée par les Carmes, aujourd'hui domaniale, est un lieu de changement d'air et de villégiature. Une piscine, dans laquelle on peut prendre successivement, en se rapprochant ou en s'éloignant de la source, un bain frais, tiède ou brûlant, permet aux malades de suivre un régime très-efficace contre certaines maladies cutanées.

VIII

Le Dos-d'Ane. — Le Val-Canard. — Gourbeyre. — Un assassinat. — Habitation du Gommier. — Le Houëlmont. — Naufrage de la *Mathilde*. — Les Saintes. — Grand-Bourg. — Les Baleines. — Notre-Dame de la Garde. — Saint-Barthélemy. — Rétrocession. — Saint-Martin. — En route pour la Martinique.

Après avoir gravi une côte très-raide, on parvient au Dos-d'Ane, plateau au pied duquel coule la rivière de la Grande-Anse.

Sur ce plateau, autrefois lieu de refuge, où le P. Labat construisit les premières fortifications, on trouve plusieurs habitations caféières d'une certaine importance et quelques étangs où se pratique en petit l'élève des sangsues. Dolé est, du côté de l'est, la porte de ce *réduit*.

On donnait cette dénomination à un point situé dans la montagne et accessible seulement par un ou deux sentiers. A l'approche de l'ennemi, le premier soin des chefs de la colonie était d'y envoyer les femmes, les enfants, les vieillards et les esclaves. Ceci fait, les colons marchaient au combat avec ardeur. Les esclaves qui avaient des jardins à eux, une basse-cour, du bétail, sachant qu'en cas de défaite ils seraient enlevés et conduits dans d'autres îles, devenaient volontiers soldats et se montraient intrépides défenseurs de leur propriété.

Le Dos-d'Ane traversé, nous arrivâmes au Val-Canard, porte du côté de l'ouest.

Sur le bord de l'ancienne route, dans un lieu ombragé, le voyageur admire une pierre de grande dimension qui fait songer à un dolmen. S'il est curieux, il approche et découvre la double empreinte d'un pied humain et d'un sabot de cheval, à côté d'une cavité circulaire dans laquelle s'amassent les gouttes de pluie.

Comme il pleut souvent au Val-Canard, cette cavité contient toujours de l'eau. Or, pour le nègre du quartier, Dieu et Satan ont passé par-là, laissant les empreintes si diverses de leurs pas. L'eau passe pour être bénite...

La route longe une gorge entre le Palmiste et le morne Karaïbe, bordée d'un côté par un marais infranchissable, de l'autre par des mornes hérissés d'arbres et de grosses pierres, et atteint enfin Gourbeyre.

Au sortir du village, on traverse l'habitation Saint-Charles, l'une des plus belles du quartier, et l'on touche au Vieux-Fort, où l'Olive plaça son second établissement, après avoir abandonné celui de Sainte-Rose, le 26 juin 1636. Ce nouveau point, mal choisi, ne tarda pas à être abandonné pour la Basse-Terre.

En prenant, dans le courant de l'année 1643, l'administration de la colonie des mains du brave Aubert, Houël trouva sur l'habitation du Vieux-Fort, propriété

de la *Compagnie des Indes Occidentales*, 56 esclaves;
c'est une preuve que les Africains furent introduits à
la Guadeloupe peu de temps après la colonisation.

En 1801, lorsque le chef de bataillon Delgrès, re-
vendiquant la liberté des esclaves insurgés, ter-
rorisait la Basse-Terre, un sieur Lory, croyant sa
vie en danger, parce qu'il était blanc, se détermina
à fuir aux Saintes. A ce sujet il s'entendit avec un
blanc, Gabriel, et deux mulâtres, Casimir Bellegarde
et Joseph Campêche, qui avaient une pirogue. Il fut
convenu qu'on le transporterait à la Terre-de-Haut
avec ses bagages les plus précieux, moyennant douze
moèdes, environ 420 francs. Gabriel aida Leroy à faire
ses paquets qu'ils placèrent, d'après son avis, dans
des barils afin de détourner les soupçons en faisant
croire à un transport de marchandises.

Un soir, on pousse la pirogue à la mer et en route.
Or, Gabriel avait parlé à ses associés des objets précieux, dissimulés dans les barils, et surtout de la
ceinture pleine d'or dont le passager était muni. Des
gens de cet acabit s'entendent à demi mot. On est au
large. Il fait nuit. Les vagues sont furieuses. Les trois
brigands pensent qu'il serait bien facile de se déba-
rasser de Lory. Pourtant ils hésitent de peur de sa
résistance. A la fin, Gabriel lui dit :

— La mer est trop grosse, il serait dangereux de

nous aventurer plus loin. Nous allons relâcher ici ;
demain nous nous remettrons en route.

Le passager, mené à son insu à la mort, ne fait pas
d'objection. Il débarque. Comme il n'est pas habitué à
coucher en plein air, que Gabriel craint qu'il ne prenne
du mal, vite Campêche et Bellegarde font avec les voiles de la pirogue une tente et une couchette. L'émigré
leur témoigne toute sa reconnaissance, s'étend et
trouve le sommeil. Les assassins, eux, veillent. Lorsqu'ils sont sûrs que leur victime est profondément
endormie, ils s'approchent et enfoncent leurs trois
poignards dans sa poitrine. Lory pousse un cri qui
devait être le dernier.

Ensuite les assassins attachent une grosse pierre
aux pieds du cadavre de l'émigré, le portent dans la
pirogue et vont le jeter loin du rivage. Revenus à terre,
ils partagent ses dépouilles.

Pendant plus d'une année ce crime resta ignoré.
On savait pourtant que Lory était parti, il l'avait écrit
à son frère qui habitait à la Dominique. L'ordre réta-
bli, on chercha à savoir ce qu'il était devenu. Un
nommé Coq, qui avait entendu Lory débattre avec Gabriel le prix de son passage, fournit les premières in-
dications. Le magistrat instructeur fit arrêter Gabriel.
Celui-ci entra dans la voie des aveux.

Le 1er mars 1803, il fut condamné par un tribunal

spécial à expirer sur la roue, avec ses deux complices, la face tournée vers le ciel, après avoir eu jambes, cuisses et bras rompus.

Un planteur du Vieux-Fort, M. Bruno Mercier, acclimata le poivrier, le muscadier. le giroflier dans ce quartier pauvre. Commissaire-commandant, il faisait mieux que d'y faire régner l'ordre et la concorde. La charité soutenait, nourissait les indigents. Il n'y avait jamais de frais de perception. Le commissaire-commandant payait pour tous, sauf à ne rien réclamer aux contribuables sans ressources.

Nous voici dans le voisinage de Gommier. Cette habitation appartint longtemps au général Coquille qui reprit Toulon aux Anglais en 1793. Enfin nous apercevons Houëlmont. Dominé par plusieurs mornes, le lieu où Houël avait établi sa maison fortifiée était peu facile à défendre. Pour la protéger, il plaça sur ce cône isolé une batterie qui battait les lieux circonvoisins.

De Poiney, gouverneur de Saint-Christophe, savait qu'Houël n'avait pas pour lui des sentiments affectueux. Parlant de cette batterie, il disait que le gouverneur de la Guadeloupe ne l'avait fait apparemment construire que pour empêcher les ramiers de passer et d'aller à Saint-Christophe.

A la hauteur du promontoire que forme Houëlmont

eut lieu, le 7 mars 1826, le naufrage d'une goëlette de
l'Etat, la *Mathilde*, capitaine Pascaud. En partant
pour la Pointe-à-Pitre, elle fut surprise par une cyclone
et chavira. De la Basse-Terre, on vit le sinistre. Toutes
les embarcations dont on disposait se dirigent vers
l'épave. Elles volent, et, néanmoins, arrivent trop
tard. Sept matelots avaient déjà péri. Une pirogue des
Saintes, voguant dans ces parages, recueillit neuf sur-
vivants.

Le capitaine ne savait pas nager. Le matelot Avril
avait réussi à saisir un panneau. Il le lui abandonna.
L'administration récompensa cet acte de dévouement
par une somme de 200 francs. C'était trop ou trop
peu...

Après avoir suivi le contour de Houëlmont, la
voiture roule sur le pont des Galions. Ce travail d'art,
de la plus grande hardiesse, exécuté en 1773, présente une seule arche, hardiment jetée sur une gorge
de plus de cent pieds de profondeur. Il coûta, dit-on,
si cher à construire qu'un ministre, à qui l'on récla-
mait des fonds pour continuer, demandait si on le
bâtissait avec des doublons.

La rivière doit son nom aux galions d'Espagne.
Depuis la découverte de l'île jusqu'à son occupation par
les Français, ils mouillaient habituellement dans l'anse, où se trouve son embouchure pour y faire de l'eau.

Enfin à trois heures trente minutes nous saluâmes la Basse-Terre que je retrouvais telle que je l'avais quittée.

Le bateau du *Royal-Mail*, Route 5-A, ne devait passer que le 27; je profitai de ce délai pour aller aux Saintes. La ligne est desservie par un bateau à voiles. Partant de la Terre-d'en-Haut, le lundi et le jeudi de chaque semaine, sans exception, à six heures du soir, il arrive à la Basse-Terre dans la nuit du même jour, pour repartir le mardi et le vendredi, à deux heures de l'après-midi.

Je m'embarquai le mardi, 24 octobre.

Le petit archipel des Saintes, ou plutôt des Saints, en espagnol *los Santos*, a été nommé ainsi, par Colomb, parce qu'il le découvrit, en 1493, le jour de la Toussaint. Il est situé à 19 kilomètres au S.-E. de la pointe du Vieux-Fort et forme la seconde dépendance de la Guadeloupe, importante à cause des avantages qu'elle présente au point de vue militaire. L'îlot oriental, Terre-de-Haut ou du Vent, porte le fort Napoléon et forme une paroisse. L'îlot de l'ouest est appelé Terre-de-Bas ou de Dessous-le-Vent. Nous n'y touchons pas. Les correspondances à cette destination sont transportées par une embarcation de Terre-de-Haut, le mercredi et le samedi de chaque semaine, jours qui suivent l'arrivée du bateau. Cette embarcation séjourne une heure et doit être de retour avec les dépêches à quatre heures du soir au plus tard.

La Terre-de-Bas, la plus fertile du groupe, produit, malgré l'aridité de son sol, du café renommé, mais en petite quantité. On y fabrique des poteries estimées, dont les spécimens ont figuré aux diverses Expositions universelles de Paris.

On attérit à la Terre-de-Haut, sur la côte occidentale. Là se trouve le port très-sûr, très-profond, d'abri pendant l'hivernage des bâtiments de la division navale des Antilles, qui se trouvent dans les eaux de la Guadeloupe. Il y a deux passes. L'une d'un usage habituel connue sous le nom de Grande-Passe ou Passe des vaisseaux. L'autre, d'un accès plus difficile, conséquemment beaucoup moins suivie, est la passe du sud. Les forts navires ne s'y aventurent jamais, même en plein jour, sans un pilote expérimenté. La superficie de cette île est de 1,422 hectares. Le chiffre total de la population est d'environ 1,707 habitants. La pêche dont ils s'occupent presque exclusivement en fait des marins habiles. L'îlot-à-Cabrit possède une maison centrale de correction et un lazaret qui desservent toute la colonie.

De longues avenues de poivriers qui serpentent à travers le bourg des Saintes, donnant un caractère tout

particulier à ce hameau déjà si pittoresque grâce à
sa situation sur une baie spacieuse, ceinte d'îlots qui
en font apprécier l'ancrage. A leur extrémité se montre un mamelon, ramification de la chaîne de mornes
abrupts qui constitue, avec les étroites vallées cachées
dans leurs plis, la Terre-d'en-Haut.

Le sommet de ce mamelon, couvert à sa base de
plantations, de maïs et de coton, est parsemé de
touffes de mûriers. Ces gracieux arbrisseaux toujours
verts, offrent leur petits fruits aigrelets et rafraîchis-
sants au touriste perdu sur ces hauteurs privées d'eau
et brûlées par le soleil. Parmi ces touffes de verdure
s'étalent les *cactus opuntis*, vulgairement *raquettes*
dont les fruits écarlates garnis de houpettes d'épines
imperceptibles, sont recherchées par les amateurs
de fruits sauvages.

Il n'est pas aisé ni sans danger de circuler parmi ces
arbrisseaux. Leurs pointes acérées font médire les
imprudents des excursions champêtres. Une distraction, un mouvement involontaire, et la sensation d'une
douleur aiguë, ramène le rêveur à la réalité, les étour-
dis à une marche plus prudente.

Quoiqu'il en soit, ce point culminant est un site
agréable. On y respire un air vif, sans cesse renouvelé
par les brises marines. De là on découvre à ses
pieds le bourg, son cimetière, la plage sablonneuse

de la Grande-Anse, les falaises de tuf jaune de Jalomine, les ombrages épais des manguiers qui croissent çà et là et la mer. A l'entrée de la rade, entre l'îlot-à-Cabris et la Terre-d'en-Haut, s'élèvent sur un banc de madrépores deux formidables roches, détachées par quelque secousse volcanique de la montagne, et qui auraient disparu dans les flots, si les coraux ne les avaient arrêtés dans leur chûte.

Ces deux massés, sur lesquelles se déchaînent les perpétuelles fureurs des flots, ne laissent d'autres accès qu'une passe large de cent mètres. Malheur aux navires qui font côte en cet endroit! Ils sont bien vite en pièces.

A l'aspect de ces monstres granitiques, tout noirs, au milieu de l'écume blanchissante, on croirait voir deux cétacés apocalyptiques prenant leurs ébats.

Un peu plus loin, on trouve sur le rivage le Haut-Font, banc de madripores, qui expose à de nouveaux dangers les embarcations qui ont heureusement doublé les *Baleines.*

Les pêcheurs évitent la nuit ce chenal. Pendant les nuits sereines, à la lueur des étoiles ou de la lune, les habitués s'y engagent sans crainte ; mais quand un brouillard jaunâtre couvre le littoral, accusé seulement par une longue ligne de vapeurs d'un ton plus mat ; quand, pendant un grain, la pluie jette comme voile d'eau, entre l'horizon et leurs yeux, les plus hardis hésitent et préfèrent se maintenir au large, au risque de sombrer.

. Longtemps aucun feu n'exista dans ces parages. Les points de repère faisaient défaut aux navigateurs.

En 1870, l'abbé Mouly, curé de la paroisse de la Terre-d'en-Haut, fut séduit par ce site. En face de l'immensité, le soir d'une belle journée, devant les splendeurs aveuglantes du soleil couchant, il se dit que ce lieu élevé était désigné par la nature pour servir d'autel. Il ouvrit une souscription parmi ses ouailles. Le produit des offrandes, augmenté de ses propres libéralités, suffit à la construction d'un petit oratoire en pierre cimentée qu'il dédia à la Vierge, sous l'invocation de Notre-Dame de La Garde.

L'idée de l'abbé Mouly a eu des résultats pratiques, en donnant satisfaction à un des besoins de la localité. Voici comment :

. La chapelle de Notre-Dame de La Garde est continuellement illuminée. Chacun y apporte, dans une intention dévote, un luminaire quelconque; les uns l'aristocratique bougie de Fournier, les autres la pauvre chandelle de Derreux. L'une de ces faces tournées vers le nord, est vitrée. Dans l'obscurité, elle resplendit et sert de guide aux pêcheurs attardés sur les flots.

Lorsque la nuit enveloppe l'horizon, que les nues s'amoncèlent, grises et compactes, que les vagues prenant des teintes livides, reflets de l'ouragan, font bondir les nacelles sur leurs grandes volutes écumantes et les poussent aux récifs, le pêcheur jette autour de lui un regard anxieux.

Reverra-t-il le nid de ces affections, le toit qui abrite sa famille, où, à son retour, il retrouve sa pauvreté, mais avec elle des joies tranquilles et le délassement de ses fatigues? Il doute... Mais au loin un point lumineux brille et rayonne. C'est Notre-Dame de la Garde, c'est l'œil de la Vierge, *Stella Maris*. A ses pénibles appréhensions succède l'espérance. Plus de crainte, il abordera. Et, quand le péril a été menaçant, quand il a pu enfin arracher à l'abîme sa barque presque submergée, et tout ruisselant d'eau salée, regagner le rivage et sa pauvre case, le pêcheur reconnaissant s'empresse de porter au sanctuaire un flambeau en ex-voto.

Le bateau ne devait repartir que le lundi suivant. Il eût été imprudent de me mettre en mer sur un canot, même avec un marin habile.

Je quittai la Terre-d'en-Haut seulement le 30 octobre, à six heures du soir. Quand j'arrivai à la Basse-Terre, à la question que j'adressai à Chinatemby, si le stéamer du *Royal-Mail* était arrivé, l'Indien me répondit : « Il est parti... »

Je jouais de malheur. Pour ne pas perdre un temps

précieux, puisque j'étais dans l'obligation d'attendre jusqu'au **21** le passage du paquebot français et pour compléter aussi mon voyage d'études dans les dépendances, je résolus de mettre le cap sur Saint-Martin. Un bateau à voiles part du chef-lieu deux fois par mois.

Le 8 octobre au soir, je m'embarquai. La navigation heureuse, mais monotone, dura quarante-huit heures. Pendant ce temps nous reconnûmes Montserrat, qui doit son nom à la forme de ces côtes taillées en forme de scie, Nevis, la *Nieves* de Colomb, Saint-Christophe, le berceau de nos possessions dans les Antilles, aujourd'hui Anglaise, Saint-Eustache, le Petit Gibraltar des Petites Antilles, Saba, dont le nom rappelle une sultane merveilleuse. A quarante lieues au N.-O. de la Guadeloupe, Saint-Barthélemy nous montra son aridité par 65° 10' 30" de longitude ouest et 17° 55' 35" de latitude nord.

Cette terre, de vingt-cinq kilomètres de tour, peuplée de 2,943 habitants, d'un abord périlleux, car les rivages sont hérissés de brisants, a un bon port, Guthavia, qui est en même temps chef-lieu. Elle appartenait alors à la Suède.

Vers 1804, Saint-Barthélemy devenue, à cause de sa neutralité, le rendez-vous des corsaires des nations belligéra tes, était souvent le théâtre de scènes qu'on seraient tenté de croire inventées, quelquefois comiques, souvent tragiques, originales toujours.

O'Brien, capitaine de corsaire anglais qui avait perdu une jambe dans un abordage, rencontre un soir chez M. de Bellacq, négociant à Guthavia, Langlois, un vétéran des corsaires guadeloupéens qui, lui aussi, n'avait plus tous ces membres. On le désignait dans toutes les Antilles par le sobriquet de *Jambe de bois*. Les deux écumeurs de mer se donnèrent une poignée de main, firent connaissance en vidant une bouteille de Porto, boisson préférée de l'Anglais, et après avoir entamé une bouteille de Madère, vin cher au Français, causaient comme de vieux camarades. M. de Bellacq leur servait d'interprète. En trinquant avec une franche gaîté, Langlois se tourna de son côté :

—Dites bien à ce marsouin qu'ici je trinque avec lui, mais que si je le rencontre au large, je lui administre une volée et soignée...

A cette réflexion, l'hôte perdant sa gravité, partit d'un éclat de rire.

— *What does he say?*... demanda O'Brien avec flegme. M. de Bellacq répugnait à traduire les paroles de Langlois. O'Brien insistant, il lui transmit le défi en adoucissant l'expression.

Alors l'Anglais se levant et prenant les deux mains de *Jambe de bois*, qui s'était levé également.

— *It is well!... It is well!... touch glasses here, but let us fight at sea.*

— Qu'est-ce qu'il dit? demanda Langlois.

— C'est bien!... c'est bien!... trinquons ici et battons-nous sur mer, traduisit M. de Bellacq.

Le 12 octobre précédent, un ouragan terrible avait ravagé et ruiné Saint-Barthélemy; les habitants désolés de Guthavia, perdus au milieu de l'Atlantique, à deux mille lieues de leur métropole, n'entrevoyant à l'horizon aucune voile amie, avaient tourné leurs regards et leurs espérances vers les Guadeloupéens, qui leur avaient ouvert généreusement leur bourse.

Depuis lors, après un vote unanime des habitants de l'île, la Suède a rétrocédé Saint-Barthélemy à la France moyennant 287,000 francs. La prise de possession eut lieu le 16 mars 1878. Voici, d'après le *Saint-Thomas Times*, les détails de la cérémonie.

Le 15 mars, l'aviso-canonnière le *Guichen*, suivi le lendemain de la frégate la *Victoire*, arriva à Guthavia ayant à bord M. Couturier, gouverneur de la Guadeloupe, l'amiral Mauduit et Monseigneur Blanger. Le *Magicien* portait une partie de l'état-major du gouverneur.

Au point du jour, la *Victoire* saluait le drapeau vert à croix jaune de Suède, ce salut fut rendu par le Fort Gustave III. Deux détachements envoyés de la frégate suédoise *Vanadis* et de la *Victoire*, formèrent un cordon d'honneur, du lieu de débarquement au palais. A huit heures commandant et officiers de la frégate suédoise descendirent pour recevoir M. Couturier, salué, en quittant la frégate française, d'une salve d'artillerie. En passant devant la *Vanadis*, seconde salve, troisième salve à l'arrivée à terre, où la garde présente les armes tandis que la musique de la *Vanadis* joue une marche militaire.

Au palais, le gouverneur Ulrich reçut M. Couturier avec le discours de rigueur. Celui-ci termina sa réponse en décorant M. Ulrich de la croix de chevalier de la légion d'honneur. Ensuite les deux gouverneurs signèrent l'acte de transfert.

Aussitôt après, la *Victoire* salua les couleurs suédoises, amenées dès que le salut eut été rendu. Le pavillon français fut hissé à la place et salué à son tour par la *Vanadis* et la *Victoire*. Puis banquet, discours et cœtera.

Saint-Barthélemy décroissait derrière nous quand je découvris une terre montagneuse.

C'était Saint-Martin, qui a 80 kilomètres de tour et 7,030 habitants, presque tous d'origine anglaise, située dans la direction du nord-ouest par 18° 5′ 3″ de latitude nord, et 65° 25′ 25″ de longitude ouest. La profondeur de ses baies, le nombre de ses étangs salins, font que cette île a moins de terres cultivables que sa surface

peut le faire croire. Elle appartient par moitié à la
Hollande et à la France depuis 1648. La partie française, au nord, comprend 5,177 hectares et compte
3,845 habitants qui récoltent des vivres, du coton et
du sel. Sur la baie du Marigot, est placé le petit bourg
de ce nom, chef-lieu, mouillage officiel et port libre.
La partie hollandaise, chef-lieu Philisbourg, comprend
le sud de l'île. Ses 3,680 habitants font le commerce
du sucre, du rhum, du sel et d'un tabac réputé le
meilleur des Antilles.

Ses salines, sur lesquelles M. J. Ballet, de la Guadeloupe, a écrit une notice, donnent à cette petite possession une certaine importance et procurent à l'agriculture coloniale un amendement précieux. Elle jouit
d'un régime de commerce particulier tout favorable à
son développement.

Enfin, en raison des difficultés de communication
avec la colonie-mère et pour épargner aux habitants
des déplacements onéreux, un décret impérial du
9 juillet 1804 a étendu la compétence du tribunal de
paix, soit en matière civile et commerciale, soit en
matière de police et de crimes ou délits.

Quelques jours avant mon passage, l'ouragan dont
j'ai parlé à propos de Saint-Barthélemy, joignant à
l'horreur d'une nuit ténébreuse le bruit de ses rafales
terribles, avait ravagé les plantations et emporté deux

ou trois cents cases. Le chiffre des pertes n'était pas immense, mais il représentait tout ce que possédait une population pauvre.

Le 11 au soir, le pilote vint m'avertir que le bateau partait.

Après une heureuse traversée, nous débarquâmes à la Basse-Terre en pleine nuit et je rentrai à l'*hôtel Célanire*, où Chinatemby, tout ensommeillé, vint m'ouvrir.

Dix jours plus tard, disant adieu aux *bonnes gens* de la Guadeloupe, je montai sur le *Washington*, paquebot de la Compagnie Transatlantique, dans le dessein de visiter les *messieurs* de la Martinique.

FIN.

TABLE

FIN DE LA TABLE.

Limoges. — Imp. E. Ardant et Cᵉ

L'AVOCAT

DES BÊTES

JULES GUY

Inspecteur d'Académie.

LIMOGES

EUGÈNE ARDANT ET Cie

www.ingramcontent.com/pod-product-compliance
Lightning Source LLC
Chambersburg PA
CBHW052210270326
41931CB00011B/2300